「三国志」武将34選

渡邉義浩

PHP文庫

○本表紙図柄＝ロゼッタ・ストーン（大英博物館蔵）
○本表紙デザイン＋紋章＝上田晃郷

はじめに

三国志の魅力は、人の生きざまにあります。

戦乱の時代です。三国志への興味は、呂布《りょふ》や関羽《かんう》・張飛《ちょうひ》といった武将の強さや、諸葛亮《しょかつりょう》・司馬懿《しばい》など軍師の神算鬼謀《しんさんきぼう》の戦術などに集まるのだと思います。しかし、歴史としての三国時代の主人公は、やがて貴族へと変貌していく知識人です。諸葛亮が軍師将軍《ぐんししょうぐん》に任命されたように、名士と呼ばれる三国時代の知識人層は、軍師として時代と向き合ったのです、と前著『「三国志」軍師34選』に書きました。国家を支え、時代を担った者がかれら名士であったことは、間違いのないことで、かれらの生き方を知ることが、史実の三国志を理解する中心となります。

しかし、三国志への興味は、それに尽きるものではありません。かれら名士を軍師として使いこなした曹操《そうそう》・劉備《りゅうび》・孫権《そんけん》をはじめとした群雄、軍師の指揮の下で激しく戦った武将たちの強さ、かれらに率いられた軍隊の構造や戦術にも、多くの関心が寄せられると思います。

本書は、曹操・劉備・孫権などの群雄が、踏まえていた学問とは何かを探り、なかでも三国時代に留まらず、中国の兵法《へいほう》の基本となっている『孫子《そんし》』につけられた曹操の注に着目しながら、史実としての三国時代の戦いの実像を明らかにしていきます。それとともに、諸葛亮の八卦《はっけ》の陣《じん》など『三国志演義《さんごくしえんぎ》』で描かれている戦法・戦術にも触れることで、三国志の戦いの世界を繙《ひもと》いていきましょう。

本書は、個人の伝記の型をとってはいますが、伝記の羅列ではありません。三十四人の生きざまとその歴史上の意義を描くことによって、三国時代の全体像を示すように心がけました。本書を通じて、三国志により深い興味を持っていただければ幸いです。

二〇〇九年二月二十七日

三国志学会事務局長　**渡邉義浩**

「三国志」武将34選

目次

目次

第二章

華北を定める

曹操のもとに集いし英傑たち

第三章

漢を受け継ぐ

劉備を支えた武将たち

第四章

江東を駆け抜ける

新天地を切り開いた武将たち

第五章

物語の終焉

西晋の中国統一

司《し》馬《ば》昭《しょう》
司《し》馬《ば》炎《えん》
衛《えい》瓘《かん》
賈《か》充《じゅう》

本文デザイン◎山田さち子

序章

武将の条件

将

厳勇仁信智

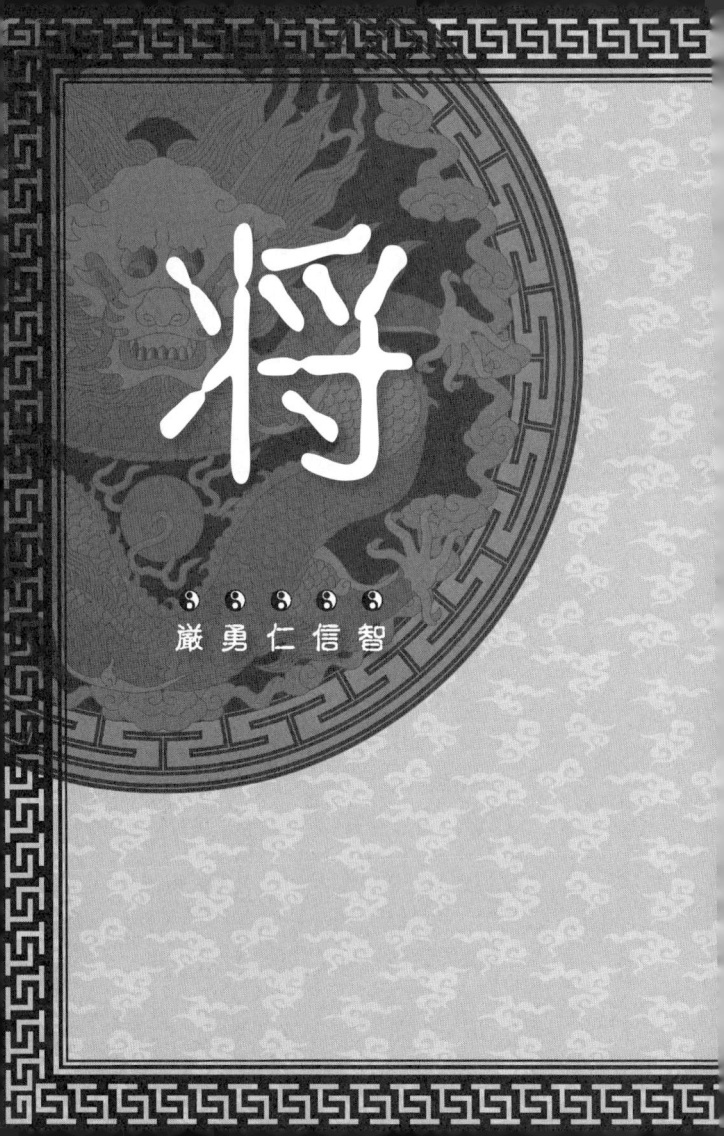

☯曹操の『孫子』注

三国一の兵法家、それは曹操《そうそう》です。中国の兵法書のなかで、もっともよく読まれてきた『孫子《そんし》』は、曹操の注、すなわち曹操の解釈により今日に伝えられていま す。つまり、中国歴代の兵学者のなかで、曹操の『孫子』解釈が一番優れていたのです。それは、曹操の注が自分の戦いの経験に裏打ちされた説得力のあるものだったことによるのでしょう。

『孫子』は、攻撃側の被害が大きくなる城攻めをなるべく避けるべきであるとします。このため、「彼我《ひが》の兵力差が十倍以上であれば、（城攻めのような）包囲戦を行うことができる」としています。曹操はこれに注をつけて、「十倍という兵力差で敵を包囲するという原則は、敵味方の将軍の智能や勇猛さが同等で、将兵の士気・兵器の技術・武器の性能などがほぼ互角の場合である。それらが優勢なときには、十倍もの兵力差は不要である。わたしはたった二倍の兵力で下邳城《かひじょう》を包囲し、呂布《りょふ》を生け捕りにした」と書いています。

曹操以外にも『孫子』に注をつけた者は多く、現在まで、曹操とあわせて十一人の注が伝わっています。そのなかの一人に、詩人としても有名な唐《とう》の杜牧《とぼく》がいます。孫呉《そんご》を滅ぼした西晋《せいしん》の名将杜預《どよ》を祖先とし、祖父の杜佑《とゆう》は唐の宰相となり、『通典《つてん》』という制度史の名作を著《あらわ》しているので、杜牧もまた軍事や制度に精通していたのでしょう。二倍で十分だとする曹操の注に対して、懸命に反論をしています。しかし、実際に戦っていない杜牧の反論は、結局は机上《きじょう》の空論であり、現実の戦いを論拠としている曹操の注には、どうしても見劣りしてしまうのです。

曹操は、学問として『孫子』に注をつけていたわけではありません。多くの兵書の研究は、実際の戦いに生かすために行われていました。曹操は『孫子』注の序文に、「自分はこれまで数多くの兵書を博覧してきたが、孫武《そんぶ》の『孫子』が最も優れている」と記しています。だから、注をつけて『孫子』の兵学を明らかにしたのです。そして、「『孫子』の兵法の極意は、緻密な計算の後に、慎重に軍を起こし、錯綜した状況を明察・深謀するところにある。あやふやな知識で軍事を語るべきではないので、これまでの注を退けて自分が注を作る」と執筆動機を述べています。その言葉どおり、曹操の『孫子』注は、最善のテキストとして、こののち『孫子』を読む者が必ず参照する注となりました。兵学者としてそれほどまでの力を曹操は持っているのです。

そもそも『孫子』を著した孫武《そんぶ》（孫子）は、春秋時代（前七七〇〜前四〇三年）の呉王闔廬《こうりょ》に仕えた兵学者でした。司馬遷《しばせん》の著した『史記《しき》』孫子列伝には、孫武に関する有名なエピソードが伝えられています（以下、孫武から曹操、諸葛亮《しょかつりょう》にいたるまで、共通する考え方に番号を付しています）。

（孫武の軍隊指揮能力を試してみたい）呉王は孫武に、女官を兵士に見たてた模擬訓練を命じた。孫武は女官を二隊に分け、王の寵姫《ちょうき》二人を隊長とする。孫武は、「**②前の合図があれば自分の胸を見よ。左の合図では左手、右の合図では右手、後ろの合図では背中を見よ**」と女官たちに命令し、何度も確認したのち、右の合図の①**太鼓を打った**。女官たちは大笑いをする。孫武は「命令が徹底しないのは、将の責任である」と言うと、再度命令を確認したのち、左の合図をする。女官たちはまたも大笑い。孫武は、「再三合図を確認したのに、③**兵が命令を聞かないのは、隊長の責任である」として、寵姫を斬ろうとした**。助命を求める王に孫武は、「将軍に任命された以上、たとえ主君の命令でも、受けかねることがあります」と述べ、二人の寵姫を斬り、次の者を隊長に選んだ。それから太鼓を打つと、女官たちは定規で測ったように、左右前後に動き、声をたてる者もいない。孫武は王に、「訓練が完了しました。兵たちは、たとえ火の中、水の中、王の御命令のまま、どこへでも行くでありましょう」と報告した。

組織的な集団戦において、兵士がそれぞれ勝手な行動をとれば、戦闘そのものが成立しなくなります。命令違反者には、有無を言わさず、斬殺という厳しい刑罰が待っていました。将棋のコマに過ぎない兵士たちに人権などないのです。

『通典《つてん》』には、曹操の発した「軍令《ぐんれい》」が引用され、断片的に残っています。「歩戦《ほせん》令《れい》」という戦闘時の規定には、次のようにあります。

①一番太鼓が鳴ったら、歩兵と騎兵はともに装備を整える。二番太鼓で騎兵は馬に乗り、歩兵は隊列をつくる。三番太鼓で順次出発する。……早打ちの太鼓を聞いたときは、陣を整える。斥候《せっこう》は地形をよく観察したうえで、標識《ひょうしき》を立てて適切な陣形を定める準備をする。

戦場では騒がしくせず、よく太鼓の音を聞き、**②合図の旗が前を指せば前進し、後ろを指せば後退し、左を指せば左、右を指せば右に進む**。命令を聞かず、勝手に行動するものは斬る。

隊伍《たいご》（五人小隊）のなかで**③進まない兵があれば、伍長《ごちょう》（五人隊長）がこれを殺す**。伍長のなかで進まないものがあれば、什長《じゅうちょう》（十人隊長）がこれを殺す。
什長のなかで進まないものがあれば、都伯《とはく》（百人隊長）がこれを殺す。

曹操の軍令は、『孫子』に基づいていることが、よく分かると思います。孫武《そんぶ》が女官を、①太鼓（軍鼓《ぐんこ》）により、②前後左右に動かし、③命令に反するものを斬殺したことを踏襲しているのです。

もちろん、『孫子』を学んでいた者は、曹操だけではありません。蜀漢《しょくかん》の丞相《じょうしょう》となる諸葛亮《しょかつりょう》も『孫子』を学びました。諸葛亮の文章は、『三国志』の著者である陳寿《ちんじゅ》により『諸葛氏集《しょかつししゅう》』として編纂《へんさん》されましたが、早い時期に散佚《さんいつ》しました。現在の『諸葛亮集《しょかつりょうしゅう》』は、さまざまな書物に残った断片的な文章を集めたものです。そのなかの「便宜十六策《べんぎじゅうろくさく》」は、失われた諸葛亮の軍令の一部を伝えています。そこで諸葛亮は、軍を維持するために、七つの禁止事項を定めています。

一、期日に約束の場所に現れない。装備・武器ともに不十分である。これを「軽《かろ》んじる」という。

二、命令を受けても伝達しない。**①②前進後退を指示する金鉦《きんしょう》（鐘《かね》、後退す**

る）と軍鼓（太鼓、前進する）に耳をかさず、旗による指示を無視する。これを「慢《あなど》る」という。

三、部下を差別待遇する。人の手柄を横取りする。これを「盗む」という。

四、武器がものの役に立たない。**③軍令を守らない。**これを「欺《あざむ》く」という。

五、勝手な行動で隊列を乱し、士気に水をさす。負傷者の救出、戦死者の収容にかこつけて戦線を離脱する。これを「背《そむ》く」という。

六、将兵が互いに先頭争いをする。**③命令を聞きとらない。**これを「乱す」という。

七、**③軍法を無視する。**他の部隊に潜りこむ。仲間を集めて酒を飲み、互いに便宜をはかり合う。これを「誤《あやま》らす」という。**③こうした者たちを処分すれば、**すべてが順調にいく。

諸葛亮らしい周到な兵士の管理方法といえましょう。さきに掲げた孫武のエピソードよりも、かなり具体的ですが、基本が太字の①〜③にあることは、曹操の軍令と同じです。諸葛亮もまた、『孫子』に基づいて、軍隊を動かしていたと考えてよいでしょう。

しかし、曹操と諸葛亮とが明確に異なるところは、曹操が、兵学研究の結果を軍の幹部に持たせ、統一的な作戦行動をとらせていたことにあります。そのために書かれた本が、『兵書接要《へいしょせつよう》』です。『兵書接要』は、『三国志』によれば、曹操が、諸家の兵法書からの抜粋に解説を加えたもので、諸将はこれを参照しながら、作戦に従事したといいます。また、曹操は、重要な任務をまかせる際、自ら策を授け、指示内容を書き与えました。これも「軍令」と呼ばれていたようです。

建安《けんあん》二十（二一五）年、曹操が漢中《かんちゅう》に出征した隙をつき、孫権《そんけん》は十万の兵を率いて、張遼《ちょうりょう》以下、七千の将兵が守る合肥《ごうひ》に押し寄せました。このとき、護軍《ごぐん》（軍目付）の薛悌《せつてい》は、曹操から「敵が来たら開けよ」と書かれた小箱を預けられていました。開封すると、「孫権が攻めてきたら、張遼と李典《りてん》は出撃せよ。楽進《がくしん》は残って城を守れ。薛悌は戦ってはならぬ」という、軍令が入っていました。張遼たちはこの秘策に従い、わずか八百人の決死隊を選抜して、とつぜん城から討って出ます。油断していた孫権軍は、戦史に残る大敗を喫しました。

曹操の息子である曹丕《そうひ》は、烏桓《うがん》討伐に出征する弟の曹彰《そうしょう》に注意を与え、「指揮官が軍令を遵守することは、征南《せいなん》将軍（曹仁《そうじん》）のようでなければならぬ」と言っています。曹仁は、曹操の軍令を常に手元に置き、いちいち確認したので、失敗することがなかったのです。曹操軍が、曹操なしでも強力であった理由は、それぞれの将軍が『兵書接要』を持ち歩いて学び、さらには曹操の軍令に忠実に従った結果であるといえるでしょう。

☯『孫子』の指し示す武将像

それでは、曹操の兵学研究の成果が体系的に残されている注に従いながら、三国時代（二二〇～二八〇年、広義には、黄巾《こうきん》の乱が起きた一八四年から）の群雄や軍師、そして武将たちが学んだ『孫子』の内容を検討していきましょう。

孫武《そんぶ》の兵法書『孫子』は、十三篇より成ります。それらのなかで、冒頭の計《けい》篇は、『孫子』の総論にあたり、孫武の戦争観が端的に示されています。

①**戦争は国家の重大事である**。人間の生死、国家の存亡の分かれ目なので、（上に立つ者は）これを深く認識しなければならない。そこで、②**五事**について考慮し、③**七計**について比較することによって、彼我《ひが》の実情を捉えるように努めるべきである。

戦争は、人間の生死、国家の存亡に直結する「①国家の重大事」なのです。敗北は、そのまま国家の滅亡に直結します。可能であるならば、戦わないことが最善です。『孫子』謀攻篇《ぼうこう》には、「百回戦って百回勝つことは、最もよい方法ではない。戦わずに敵の軍隊を屈伏させることこそ、最善の方法である」とあります。たとえ、勝利をおさめたとしても、国家の疲弊や軍事力の減退をまねけば、そのときの敵国以外の国に敗北するかもしれません。だからこそ、戦うときには、最少の被害で、そして何よりも必ず勝たなければなりません。そのために行うべきことは、自国と相手国の実情の比較です。その基準である「②五事」について、『孫子』計篇は、続けて、

(五事とは) 第一に道、第二に天、第三に地、第四に将、第五に法をいう。道とは、上に立つ者と民との心を一つにさせることである。そうすれば、生死を共にしようという気持ちになって、民は危険を感じることがない。天とは、陰《いん》陽《よう》や寒暑の具合など、(戦争に都合の) よい時期を選ぶことである。地とは、戦場が遠いか近いか、険しいか平坦か、広いか狭いか、高いか低いかなど、地勢に関することである。将とは、智 (頭が切れるか)、信 (偽りがないか)、仁 (情け

深いか）、勇（勇気があるか）、厳（威厳があるか）、といった将軍の人物のことである。法とは、部隊の編成、軍官の統率と糧道《りょうどう》の確保、経理の運用などのことである。以上の五事（が重要であること）は、将であれば誰でも聞いたことがない者はいないはずであるが、それをよく理解している者は勝ち、よく理解できない者は勝てないのである。

と説明しています。

第一の道に関して、曹操は、民が危険を感じる原因は疑惑である、と注をつけています。民に正確な情報を与え、疑惑を起こさせなければ、民は君主と生死を共にしようと考える、というのです。諸葛亮は、第一次北伐の街亭《がいてい》の戦いで敗れた際、馬謖《ばしょく》を斬り、自らを罰し、敗戦の責任を蜀漢《しょくかん》の民に明らかにしました。そのため、困難な北伐を継続することに非難の声があがらなかったのです。同じく曹魏《そうぎ》への北伐に敗れた孫呉《そんご》の諸葛恪《しょかつかく》は、叔父の亮とは異なり、敗戦の後に専制の度合いを深めました。このため、民から怨嗟《えんさ》の声があがり、孫峻《そんしゅん》によって打倒されたのです。

曹操は、第二の天に関しては、冬や夏に戦争を起こさず、民を愛するべきだという『司馬法《しばほう》』の文章を引用しています。これに対して、宋の張預《ちょうよ》は、曹操は冬に呉を攻めて大敗した、と注をつけています。確かに、赤壁《せきへき》の戦いは、冬の戦いです。痛いところを衝《つ》かれました。ちなみに曹操は、火攻《かこう》篇の注で、水攻めと火攻めを比較して、「水攻めでは敵の糧道を断《た》ち、敵軍を分断することはできるが、蓄えた食糧を奪うことはできない」と述べて、火攻めの有効性を示しています。理論と実際の違いなのでしょうか。曹操ほどの名将でも、『孫子』の五事に反した戦いを起こし、自らその威力を知り尽くしている火攻めに敗れていったのです。

第三の地に関しては、この議論がのちの九地《きゅうち》篇で詳細に述べられるとし、第四の将に関しては、智・信・仁・勇・厳の五つを「五徳《ごとく》」と呼び、将となるべき者が備えなければならない資質である、と説明しています。

第五の法について曹操は、部隊の編成とは、軍隊の組織を整えることだけでなく、軍隊を動かす旗や幟《のぼり》、軍鼓《ぐんこ》と金鉦《きんしょう》の合図を制度化することであり、軍官の統率とは、それぞれの官職の役割を明確にすることであり、経理の運用とは、軍隊を動かすための費用を掌握することである、と注をつけています。内政においても、法刑を尊重した曹操らしく、法や制度については、詳細な考えを述べているのです。

『孫子』は、彼我《ひが》の戦力を分析するための五つの基準を明らかにした後に、七計と

いうさらなる具体的な七項目の比較により、実情を調べ尽くさなければ勝つことはできないとしています。計篇に、続けて、

（七計とは）①君主はどちらが民の心を捉えているか、②将はどちらが能力を持っているか、③時機や地勢はどちらが有利か、④軍法はどちらがきちんと行われているか、⑤兵力はどちらが強いか、⑥士卒はどちらがよく訓練されているか、⑦賞罰はどちらが厳正か。この七項目により、勝敗が分かる。

とあります。七項目に増えていますが、①～④は五事の内容を具体化したものであり、⑥⑦も五事のうちの「法」に含まれ、その結果⑤がもたらされると考えられます。とすれば、『孫子』の「五事」「七計」は、原則と具体論の関係といえましょう。

この基準により、彼我の戦力分析を行い、勝利の目算と作戦計画を立てます。これを「廟算《びょうさん》」といいます。孫武の生きた春秋時代、戦争前の御前《ごぜん》会議は、王の祖先の御霊《みたま》を祀《まつ》る廟堂《びょうどう》で行われたためです。廟算を的確に行うためには、情報の収集・分析が必要不可欠となります。そこで、重視されるものが、間諜《かんちょう》（スパイ）です。『孫子』は、用間《ようかん》篇で、間諜の必要性と役割を詳細に論じています。その結果、

彼《かれ》を知り己《おのれ》を知れば、百戦して殆《あや》うからず。　（『孫子』謀攻篇）

という有名な言葉が生まれるのです。

戦争は避けるべきである。避けられないのであれば、必勝を期すため、徹底的な情報収集に基づく彼我の敵情分析により合理的な廟算を行う。これに加えて『孫子』のもう一つ重要な戦争観は、戦争の基本的な性格を詭道《きどう》（偽り）と捉えることです。計篇は、続けて、

戦争は、相手の裏をかくことを本質とする。そのため、有能であれば無能であるかのように見せかけ、役に立てば役に立たぬように見せかけ、近づくときには遠ざかるように見せかけ、遠ざかるときには近づくように見せかけ、相手が有利であれば誘い出し、相手が乱れていればつけ込んで奪い取り、充実していれば守備を固め、強力であれば避け、憤激していればいなし、控えめであればつけあがらせ、楽をしていれば疲れさせ、親密であれば離間し、相手の備えのないところを攻め、意表に出るようにする。このようなわけで、兵家はどのようにして勝つか、人に予告することはできないのである。

と述べています。戦争とは騙《だま》しあいであるという、このリアリティーが、今もなお『孫子』をベストセラーにしているのでしょう。敵に勝つためには、まっとうなや

り方（正道）だけではだめで、敵を欺《あざむ》くための詭道を用いなければならない。

曹操は、最後の文章に注をつけて、「戦争に常にこうであるという戦い方がないことは、水に定まった形がないのと同じである。敵に対峙《たいじ》して臨機応変に対処する方法は、あらかじめ伝えることはできない。敵と実際に戦ってみるまでは、戦術を伝えることもできない」と述べています。曹操の注の力強さの理由もここにあります。曹操の『孫子』解釈がそれ以外の注よりも説得力を持つのは、曹操が実際に戦った際の臨機応変の経験を踏まえて書かれているからでしょう。しかも、曹操は『兵書接要』により、それを配下の武将にも共有させようとしました。陳寿に「臨機応変の将軍としての策略は、あまり得意としなかったのではないか」と評される諸葛亮が、蜀漢軍を率いて曹魏への北伐を繰り返しても、これを破ることができなかったのは、曹操の部下教育の賜物《たまもの》なのです。

❻儒将の時代

『三国志演義』の諸葛亮は、甲冑《かっちゅう》を着けず、「綸巾《りんきん》」（青糸の頭巾《ずきん》）に道士の服という軽装に、「白羽扇《はくうせん》」（羽毛のうちわ）を持ち、四輪車に乗って、戦場に現れます。このイメージは、虚構のものとはいいきれません。今は断片的にしか伝わらない『語《ご》林《りん》』という書物に、次のような記録が残されているからです。

諸葛武侯《しよかつぶこう》（諸葛亮）と晋の宣帝《せんてい》（司馬懿《しばい》）が渭水《いすい》のほとりで対陣した。戦いに臨み、宣帝は戎服《じゆうふく》（軍服）に着がえて指揮をとった。斥候《せつこう》を出し、蜀漢軍の様子を探らせたところ、武侯は褐巾《かつきん》（単衣の着物と頭巾）のまま質素な輿《こし》に乗り、毛《もう》扇《せん》を手に全軍に号令して、意のままに軍を動かしていた。報告を受けた宣帝は感嘆して、「諸葛君はまことに名士《めいし》である」と言った。

後漢《ごかん》（二五～二二〇年）末期の名士の間では、文武の官僚となっても、フォーマルな衣冠《いかん》ではなく、カジュアルな「褐巾」を着けることが流行していました。袁紹《えんしよう》とその盟友である崔鈞《さいきん》も褐巾を愛用し、戦場にもその姿のまま赴《おもむ》いています。こうした逸話からは、三国時代の軍事的な指揮官が、陣頭に立って自らの武力を振るう武人とは限らなかったことが分かります。

戦国《せんごく》時代（前四〇三～前二二一年）以後の主要な合戦は、ほとんどが長期戦です。双方とも数万から数十万もの動員力がありますので、一度や二度の局地的な勝利は、大勢に影響しません。連戦連勝の項羽《こうう》は、関中《かんちゆう》から兵員・物資の補給を受け続けた前漢《ぜんかん》（前二〇二～八年）の建国者劉邦《りゅうほう》に最終的には敗れています。勝敗の行方《ゆくえ》は、いかに自軍の兵力を維持し、相手を消耗させるかという、いわば「総力戦」の成否にかかっていました。

　したがって、群雄や武将たちは、『孫子』の兵法を身につけるだけでは、一人前の将になるには、まだ学問が不十分でした。というよりは、『孫子』そのものの理解のためにも、幅広い教養が必要でした。孫呉《そんご》の呂蒙《りょもう》は、少年のときに従軍したため、正式な学問を受けたことがなく、地位があがってからも、学問に努めることがありませんでした。呂蒙を育てたい孫権《そんけん》は、兵法書の『孫子』と『六韜《りくとう》』のほか、経書《けいしょ》（儒教経典《じゅきょうけいてん》）の『春秋左氏伝《しゅんじゅうさしでん》』と『国語《こくご》』（春秋外伝）、歴史書の『史記《しき》』と『漢書《かんじょ》』と『東観漢記《とうかんかんき》』（『後漢書《ごかんじょ》』の原史料）を読むように命じ、呂蒙は猛勉強をして魯粛《ろしゅく》も驚くほどの学識と見識を身につけました。関羽《かんう》を破った将としての能力は、こうして磨かれたのです。また、文字が読めない蜀漢《しょくかん》の王平《おうへい》は、『漢書』を読んでもらって、それを聞いて勉強しましたし、関羽が『春秋左氏伝』を愛読したことは有名な話です。さらに、劉備《りゅうび》は遺言のなかで、劉禅《りゅうぜん》に『漢書』と『六韜』のほか、経書の『礼記《らいき》』、法家の『商君書《しょうくんしょ》』を読むことを命じています。君主も武将も、『孫子』

に限らず、幅広い教養を持つことが求められたのです。戦争は政治の延長線上にあります。優れた武将が優れた政治家であるべきなのは、当然のことでしょう。
事実、曹操は文武両道に秀でた、三国時代はもちろん、中国史を通じても、まれにみる万能の天才でした。王沈《おうしん》の『魏書《ぎしょ》』は、

（曹操は）軍を率いること三十余年、書物を肌身はなさず、昼は作戦を練り、夜は経書の思索にふけった。見晴らしのよい場所に登れば、必ず詩をつくり、新作ができると曲をつけ、みな楽章とした。武芸にも優れ、飛ぶ鳥を射落とし、猛獣と格闘した。

としています。王沈は、曹魏を正統化するために『魏書』を書いていますので、武芸のあたりが少し褒《ほ》めすぎな感じもします。しかし、張華《ちょうか》の『博物志《はくぶつし》』も、

後漢の崔瑗《さいえん》・崔寔《さいしょく》父子、張芝《ちょうし》・張昶《ちょうちょう》兄弟は草書、桓譚《かんたん》・蔡邕《さいよう》は音楽、山子《さんし》道《どう》・王九真《おうきゅうしん》・郭凱《かくがい》は囲碁の名人であったが、曹操の腕前はかれらに匹敵した。また養生《ようせい》法を好み、方薬《ほうやく》にも精通していた。

と曹操の博識多芸ぶりを伝えています。このほか、宮室の建築や兵器の製造には、自ら設計図を描いたといいます。現在の学問分野でいえば、政治・経済・文学など

の文科系の学問だけでなく、医学・薬学・化学・工学など理科系の学問にも精通していたことになります。のみならず、音楽・書などの芸術、囲碁などの知的ゲームにも才能を発揮し、運動神経も抜群だったというのですから、陳寿の評するように「常人に非《あら》ざる」才能といえましょう。これほどまでの教養がなければ、『孫子』に注をつけ、大軍団を組織し、維持・運用することは困難だったのです。

孫呉を平定した西晋《せいしん》の杜預《どよ》は、馬も弓も苦手、およそ戦士としての資質に乏しい人でした。しかし、その学識は、『春秋左氏経伝集解《しゅんじゅうさしけいでんしっかい》』を著して、『春秋左氏伝』の解釈を定め、農政・専売・物価統制などあらゆる経済政策を一手に引き受け、製鉄技術の改良・橋の建設といったテクノクラートとしての手腕も振るえるものでした。このため杜預は「杜武庫《とぶこ》」と呼ばれています。まるで武庫（兵器などを保管する倉庫）のように何でも入っていると、教養の広さを称《たた》えられているのです。

こうした文人・学者の将軍を、後世の言葉では「儒将《じゅしょう》」といいます。三国時代は、儒将の時代でした。孫呉の周瑜《しゅうゆ》は音楽に詳しく、「曲に誤りあれば、周郎（周のおぼっちゃま）が顧みる」といわれ、魯粛も呂蒙も、厳格な軍隊の指揮で知られる一方で、戦場でも書物を手放しませんでした。かれら名士の多くは、すでに『「三国志」軍師34選』でまとめたように、軍師となりました。しかし、本書で対象とする群雄や武人も、こうした時代の流れに対応するため、儒教を根底とする教養を広く身につけた儒将となろうとしていたのです。

三国時代の軍隊編成

最後に、軍の編成に触れておきましょう。軍の最も基本となる単位は、戦士五人から成る「伍《ご》」でした。すでに掲げた曹操の「軍令」にも、その名が出ていたように、伍には「伍長《ごちょう》」が、伍を二つ集めた「什《じゅう》」には「什長《じゅうちょう》」が置かれます。什をいくつか集めたものが「隊《たい》」で、曹操の「軍令」では、百人ごとに「都伯《とはく》」が置かれていました。隊を基本単位として、軍を編成しますが、だいたい三千人程度で一軍を構成することが多かったようです。関羽に包囲された曹仁《そうじん》の救援のため、左将《さしょう》軍《ぐん》の于禁《うきん》は七軍を率いて赴《おもむ》きますが、七軍の合計兵力は三万人とされています。一軍ごとに三千人から四千人というところでしょうか。唐の杜佑《とゆう》は『通典《つてん》』に、周の一軍は一万二千五百人、そのほか一説として、三千二百人で一軍と記録しています。後者の数が、三国時代の実態に合致しているといえるでしょう。

表一　三国時代の将軍号

官品	将軍号
1品	大将軍～上公。最高の将軍号。政権の最高責任者が就官することもある。
2品	驃騎将軍·車騎将軍·衛将軍～文官の三公に匹敵する武官の最高官。
	撫軍大将軍～上の三将軍に次ぐ武官職。 中軍大将軍·上軍大将軍·鎮軍大将軍·南中大将軍·輔国大将軍～常設せず。
	征西·征北·征東·征南将軍～四征将軍と呼ばれ、代表的な方面軍司令官。 鎮西·鎮北·鎮東·鎮南将軍～四鎮将軍。四征将軍に次ぐ地位を持つ。権限は四征将軍と同質で方面軍司令官となる。
3品	安西·安北·安東·安南将軍、平西·平北·平東·平南将軍～四安·四平将軍 権限は四征将軍と同質で方面軍司令官となる。
	前·後·左·右将軍～伝統的将軍号。従公将軍といわれ、文官の九卿に匹敵。
	征蜀·征虜·鎮軍·鎮護·安衆·安夷·安遠·平寇·平戎·平虜·輔国·都護·虎牙·軽車·冠軍·度遼·平狄·平難将軍 ～ある目的に応じた将軍号。夷《い》狄《てき》の討伐が多い。度遼将軍のような伝統的な将軍号を含むが、かなり雑号的な要素が強い。
4品	中堅·驍騎·遊撃·左軍·建威·建武·振威·振武·奮威·奮武·揚威·揚武·廣威·廣武·寧朔·左積弩·右積弩·積射·強弩将軍 ～雑号将軍。そのなかでも、官品の高いもの。
5品	牙門将軍·偏将軍·裨将軍～伝統的将軍号。部将が任命される。
	鷹揚·折衝·虎烈·宣威·威遠·寧遠·伏波·虎威·凌江·盪寇·昭武·昭烈·昭徳·打逆·討寇·宣徳·威虜·破虜·捕虜·揚烈·建忠·立義·懐集·横野·樓船·復土·忠義·建節·翼衛·討夷·懐遠·綏辺将軍 ～伏波·樓船は伝統的将軍号であるが、これらはすべて雑号将軍。これ以下の将軍号は、官品が不明のため省略。

軍を率いる者は、「将軍《しょうぐん》」です。将軍のほかにも、中郎将《ちゅうろうしょう》や都尉《とい》といった軍を指揮する官はありますが、将軍の方が指揮する軍隊の数は多く、持っている権限も上なのです。そうした武官の最上位である将軍のなかでも、最も高い地位にあるものが大将軍《だいしょうぐん》です。武官の最高官である大将軍は、蜀漢の蔣琬《しょうえん》や費禕《ひい》のような政権の最高責任者がしばしば任命され、軍事のみならず、内政の全権をも掌握する官職でした。その大将軍に次ぐ将軍は、驃騎《ひょうき》将軍・車騎《しゃき》将軍・衛《えい》将軍の三将軍です。これら三つの将軍号は、漢代から続く伝統的な将軍号で、中央官制でいうと最高行政官である三公《さんこう》（太尉《たいい》・司徒《しと》・司空《しくう》）に匹敵します。

三将軍に次ぐ将軍号は、司馬氏が代々任命された撫軍《ぶぐん》大将軍などの、〇〇大将軍で、君主に代わり遠征軍を率いることもありました。しかし、本来の方面軍司令官は、四征《しせい》将軍です。征西《せいせい》・征北《せいほく》・征東《せいとう》・征南《せいなん》将軍は、その名のとおり、中国が東西南北の異民族と戦う際に派遣した方面軍司令官で、匈奴《きょうど》や鮮卑《せんぴ》に北西から攻め込まれることが多かった漢代では、征西・征北将軍が軍の花形でした。若いころの曹操の夢は、漢の征西将軍になることであったといいます。また、四鎮《しちん》将軍と呼ばれる鎮西《ちんせい》・鎮北《ちんほく》・鎮東《ちんとう》・鎮南《ちんなん》将軍は、四征将軍より一段格下ですが、方面軍司令官となることができます。軍への司令権を示す使持節《しじせつ》という資格を持ち、受け持ち領域に軍政を布《し》きうる「都督《ととく》」号を帯びることができたからです。前・後・左・右将軍も伝統的な将軍号で同等の権限を持つことができます。劉備は左将軍として幕府を持っていました。三十三ページの表一で五品以下に掲げた将軍号は、必要に応じて使用される下級の将軍号で、雑号《ざつごう》将軍と総称されます。雑号将軍は、直属軍の指揮権のみを持ち、司令官に所属して戦います。

それでは、三国時代における群雄や武将たちの戦いをみていくことにしましょう。

第一章

群雄割拠

敗れし理由はいずこ

後漢

橋《きょう》玄《げん》
皇《こう》甫《ほ》嵩《すう》
董《とう》卓《たく》
呂《りょ》布《ふ》
公《こう》孫《そん》瓚《さん》
袁《えん》紹《しょう》
劉《りゅう》焉《えん》

三国群雄の先駆
野心なき名将
涼州兵の強さ
一騎討ちの醍醐味
白馬義従のすごみ
光武帝の戦略を継承
権力基盤の東州兵

橋玄《きょうげん》

三国群雄の先駆

後漢

橋《きょう》玄《げん》

（一〇九～一八三年）

字《あざな》は公祖《こうそ》。梁国睢陽県《りようこくすいようけん》の人。曹騰《そうとう》（曹操《そうそう》の祖父）が高く評価した种暠《ちゆうこう》に推挙され太尉《たいい》に至る。その厳格な政治は、曹操の政治の模範となった。まだ無名の曹操を「乱世を治める者は君である」と高く評価し、これにより曹操の名を世に知らしめた。さらに、許劭《きよしよう》に曹操を紹介して人物評価を受けさせることにより、その名声を全国的なものとした。演義《えんぎ》では、大喬《だいきよう》・小喬《しようきよう》の父とされ、喬国老として劉備《りゆうび》と孫権《そんけん》の妹の婚姻を推進しているが、すべて虚構である。

（『後漢書』列伝四十一 橋玄伝）

曹操の理想

橋玄《きょうげん》は字《あざな》を公祖《こうそ》といい、梁国睢陽県《りょうこくすいようけん》の人です。曹操《そうそう》がまだ無名のとき、橋玄は曹操に、「いま、天下は乱れようとしている。民を安泰に導くものは、君であろう」と言っています。そして、「君には名声がまだない。許劭《きょしょう》とつきあうとよいであろう」とも言って、曹操に許劭を訪れさせました。曹操は、許劭に「治世の能臣《のうしん》、乱世の姦雄《かんゆう》」と評価されて、名士の仲間入りをします。許劭は、宦官《かんがん》の養子の子である曹操に、好意的ではありませんでした。それでも、曹操に評価を与えたのは、橋玄の紹介であったためでしょう。

二十歳にも満たない曹操と出会ったころ、橋玄は六十歳を過ぎています。すでに三公《さんこう》（後漢《ごかん》の最高行政官）のうち司空《しくう》と司徒《しと》を歴任、辞職の後、尚書令《しょうしょれい》（皇帝の秘書長）を務めているときでした。代々三公を輩出している家柄出身の許劭でも、橋玄の紹介とあれば、無視する訳にはいかなかったのです。ちなみに、『三国志演義《さんごくしえんぎ》』は、大喬《だいきょう》・小喬《しょうきょう》の父を橋玄とし、曹操は彼女たちの獲得を赤壁《せきへき》の戦いの目的の一つにした、としています。しかし、この年齢差を見れば分かるように、彼女たちが橋玄の娘であるとすれば、とうに五十歳を超えていたはずで、『三国志演義』の設定には無理があります。

『三国志演義』が無理をしたのは、橋玄の曹操への好意をうまく説明できなかったからでしょう。後漢を支えた大宰相の橋玄が、二十歳前の曹操に入れ込んだのは、師の恩返しのためでした。桓帝《かんてい》を輔弼《ほひつ》して賢臣と称され、橋玄を有為の人材として抜擢《ばってき》した師とは、司徒の种暠《ちゅうこう》です。そして、种暠が司徒まで昇り詰めることができたのは、曹操の祖父、曹騰《そうとう》のおかげだったのです。

後漢を衰退させたものは、外戚《がいせき》（皇帝の母方の一族）と宦官の専横でした。曹騰は宦官なので、种暠のような名士との交流は、『三国志演義』に描かれることはありません。たしかに、曹騰は外戚の梁冀《りょうき》と結んで桓帝を擁立して権力を掌握、巨万の富を蓄えますので、濁流と呼ばれるような側面を持つことは否定できません。しかし、その一方で、种暠や皇甫規《こうほき》といった文武兼備の儒将《じゅしょう》を高く評価して抜擢することにも努めているのです。はじめ种暠は、曹騰に対する蜀郡太守《しょくぐんたいしゅ》の贈賄《ぞうわい》を摘発していますので、曹騰にとって敵対者でした。曹騰に擁立された桓帝が、「曹騰は賄賂《わいろ》をまだ受け取っていない」と述べ、种暠の弾劾《だんがい》を無効としたので、种暠は曹騰の報復を恐れたことでしょう。ところが、曹騰は、これを意に介さず、种暠が能吏《のうり》であることを称《たた》え続けました。种暠はのち司徒になると、「自分が三公になれたのは、曹常侍《そうじょうじ》（曹騰）のおかげである」と言っています。その种暠に抜擢された橋玄は、曹騰の孫である二十歳前の曹操の出世を積極的に支援して、師の恩を返したのです。こうした関係によって結びついていた橋玄は、曹操の理想でした。ことに、橋玄の猛政《もうせい》への志向、および儒将としての文武両道での活躍は、曹操に大きな影響を与えています。

☯ 寛治から猛政へ

儒教《じゅきょう》を国の根本に置いた後漢《ごかん》では、寛《ゆる》やかな統治が優れているとされていました。郷里社会に力を持つ豪族《ごうぞく》と呼ばれる大土地所有者を弾圧するのではなく、その力を利用するために、官僚となっているかれらをなるべく罰せず、穏やかな統治を行っていたのです。『後漢書《ごかんじょ》』には、皇帝や臣下を称賛する言葉として、「寛」という表現がよく用いられています。しかし、後漢の寛治《かんち》の行き詰まりが、黄巾《こうきん》の乱をもたらしたのです。賄賂に塗《まみ》れて弛緩《しかん》した外戚や宦官の統治は、農民への重税となってのしかかります。苦しむ農民たちは、病気を治すことで信仰を広めた張角《ちょうかく》の太《たい》平道《へいどう》という宗教結社にすがって、黄巾の乱を起こしたのです。

　四代にわたって三公を輩出している後漢の高級官僚家の袁紹《えんしょう》は、こうした後漢末の混乱を寛治によって治めようとしていました。袁紹のもとを去って曹操に仕えた郭嘉《かくか》は、「袁紹は寛治で弛緩した政治を寛で治め直そうとしている。だから、治まらないのだ。曹公《そうこう》（曹操）はこれを正すために猛政を行っている。これが曹公の統治の優れた点である」と、袁紹と曹操の政治方針を比較しながら分析しています。曹操が採用した法に基づく厳格な猛政、これは橋玄から継承したものなのです。

　橋玄は、官僚として豪族の不法を許さず、外戚・宦官と関わりを持つ者であっても、その不法行為は必ず弾劾しました。また、末っ子が人質に取られて屋敷に立て籠《こ》もられた際には、躊躇《ちゅうちょ》する司隷校尉《しれいこうい》（首都圏長官）や洛陽令《らくようれい》（首都洛陽の県令）たちを叱咤して、誘拐犯を攻撃し、その結果、自分の末っ子を落命させています。橋玄はその足で宮中に赴《おもむ》くと、「人質事件があった際には、人質を解放するために、財貨を用いて悪事の道を広げさせないようにいたしましょう」と上奏しています。当時、洛陽では人質事件が頻発していたのです。橋玄の断固たるこの処置により、人質事件は途絶えたといいます。曹操の法に基づく厳しい支配は、橋玄の猛政を継承したものなのです。

☯ 儒将の典型

こうした厳しい法の運用を行う橋玄は、代々伝わる儒教の継承者でもありました。七世祖の橋仁《きょうじん》は、『礼記《らいき》』（礼の理念や具体的事例を説く儒教経典）の学問を集大成しました。その学問は「橋君学《きょうくんがく》」と呼ばれて、橋氏の「家学《かがく》」として伝わっています。これが橋玄の学問の根底なのです。

その一方で、橋玄は、桓帝の末、鮮卑《せんぴ》・南匈奴《みなみきょうど》・高句麗《こうくり》が中国に侵入すると、西北方面の異民族対策の総司令官である度遼将軍《どりょうしょうぐん》に抜擢され、三年の間、職務に励むことによって、辺境に安定を取り戻しています。代々の「家学」として儒教を伝え、門人に教授するほどの学識を持ちながら、戦場に出れば、鮮やかな采配を振って敵を粉砕する。さらに、内政にも通暁《つうぎょう》して、太尉《たいい》・司徒・司空の三公を歴任した橋玄は、まさに「入りては相、出でては将」といわれる理想的な儒将の典型といえるでしょう。「矛《ほこ》を横たえて詩を賦《ふ》した」とされる曹操は、突如現れた異端児の英雄なのではなく、自らを引き立ててくれた橋玄を理想とし、それに追いつき追い越そうと努力を重ねて、自らの姿を作り上げていったのです。そして、それは曹操だけの理想ではなく、この本で扱うすべての群雄・武将の理想でもあったといってよいでしょう。

のちに曹操は、橋玄の墓を通り過ぎるとき、立派な供物をささげて橋玄を祀《まつ》っています。自ら墓前に捧げる文章を作成し、「もとの太尉の橋公は、立派な徳と高い道をもち、広く愛して広く受け入れた。操《わたし》は若年のころ、室内に招き入れられた。（わたしが）栄達して注目を浴びたのは、すべて（橋玄が）薦め励ましてくれたからである。かつて、約束をしたことがある。橋公は、『玄《わたし》が没した後、玄の墓を通り過ぎることがあれば、一斗の酒と二羽の鶏をもって地に酒を注がなければ（後悔するであろう）、車が墓から過ぎたとき、（あなたの）お腹が痛んでも怨まないように』と言った。親しい間柄でなければ、どうしてこのような言葉が述べられようか。今でもわたしは昔を思い出して（玄の自分に対する）愛顧を思い、悲しみ悼《いた》む。わずかばかりの粗末な供物をささげよう、橋公よ、これを受けてほしい」と記したといいます。文学者曹操の橋玄への篤《あつ》い思いが伝わったでしょうか。

皇《こう》甫《ほ》嵩《すう》

野心なき名将

後漢

皇《こう》甫《ほ》嵩《すう》

（？～一九五年）

字《あざな》は義真《ぎしん》。安定郡朝《あんていぐんちよう》那県《なけん》の人。皇甫氏は安定郡を代表する名家で、将軍を輩出した。なかでも、伯父の皇甫規《こうほき》は、度遼将軍《どりようしようぐん》として異民族討伐の中心となった。皇甫嵩も北地太守《ほくちたいしゆ》として異民族に備えていたが、黄巾《こうきん》の乱が起きると、左中郎将《さちゆうろうしよう》として軍を率いて、潁川《えいせん》の黄巾の波才《はさい》を破り、張角《ちようかく》の弟の張梁《ちようりよう》を斬るなど、乱の鎮圧に大きな功績をあげた。その後、涼州《りようしゆう》の韓遂《かんすい》・辺章《へんしよう》の乱でも討伐軍を率いた。董卓《とうたく》の死後、太尉《たいい》に至り、期待が寄せられたが、病死した。

（『後漢書』列伝六十一 皇甫嵩伝）

宦官の専横と党錮の禁

皇甫嵩《こうほすう》は、字《あざな》を義真《ぎしん》といい、安定郡朝那県《あんていぐんちょうなけん》の人です。安定郡は異民族、なかでも羌族《きょうぞく》の居住地と境を接する郡でした。皇甫氏は、安定郡を代表する名家で、異民族の動向に詳しいかれらは、将軍を輩出していました。とりわけ、伯父の皇甫規《こうほき》は、度遼将軍《どりょうしょうぐん》として羌族討伐の中心となった人物です。

皇甫規は、順帝《じゅんてい》のときに、羌族へ討伐を怠っている、と外戚《がいせき》の梁冀《りょうき》を批判しました。権力者の梁冀は、皇甫規の命を狙います。すると、皇甫規は官僚を辞め、『詩経《しきょう》』（詩の解釈を中心とする儒教経典）・『周易《しゅうえき》』（占いの解釈を中心とする儒教経典）を教え授けること十四年間、門生（弟子）は三百人あまりに及んだといいます。代々武将となっている家柄であっても、兵法《へいほう》だけではなく、『詩経』『周易』といった儒教経典を教授できる教養を持っているのです。儒将《じゅしょう》の時代であることを確認できるでしょう。やがて梁冀が誅滅《ちゅうめつ》されると、五十九歳になっていた皇甫規は、羌族の討伐を任され、出陣します。自ら剣を振るって戦う必要はないので、老将でも問題ないのです。皇甫規は、羌族から不法に富を得て、反乱の要因をつくっていた漢人官僚を罰するとともに、それでも従わない羌族を討伐して、羌族の反乱を平定しました。しかし、皇甫規に賄賂を要求して拒否された宦官は、皇帝に虚偽の報告を行い、かえって皇甫規を罪に陥れたのです。

宦官は、後宮《こうきゅう》（ハーレム）に仕える去勢された男子のことで、幼いころ母が去勢し、宮中にあずける場合も多くありました。皇帝は、宦官を勉強・遊びの相手として育つため、宦官に親近感を持ち、宦官も皇帝へ絶対的な忠誠心を持っていました。このため、儒教官僚と宦官との対決は、常に宦官の勝利に終わります。宦官は最終的に、儒教官僚を「党人《とうじん》」（悪い仲間）として「禁錮《きんこ》」（官僚として任用しない）する党錮《とうこ》の禁《きん》を起こしたのです。このとき、皇甫規は党人とは見なされず、免官されることはありませんでした。喜ぶべきことです。ところが、皇甫規は、自ら党人との関わりを申したて、党人とされることを願いました。後漢の官僚であることよりも、党人となって、反宦官を唱える知識人たちから名声を得ることを望んだのです。こうした名声を自分の存立基盤とする三国《さんごく》時代の知識人を名士《めいし》と呼びます。名将皇甫規は、儒将であるとともに、名士でもあろうとしたのです。

皇甫規の甥である皇甫嵩は、霊帝《れいてい》のときに出仕して議郎《ぎろう》となり、北地太守《ほくちたいしゅ》に任命されます。北地郡もまた、羌族の居住地と隣接する郡でした。伯父と同様、異民族に備えるための任用だったことが分かります。しかし、皇甫嵩は、北地郡に長く留まることはありませんでした。左中郎将《さちゅうろうしょう》として黄巾《こうきん》の乱の平定に向かうからです。

☯ 張角と黄巾の乱

宦官による政治は、農民には税負担の増大をもたらしました。何ごとも賄賂で決まる時代になったためです。曹操の父曹嵩《そうすう》は、太尉《たいい》という後漢の最高官を一億銭で買っています。もはや総理大臣の位まで金で買えるほど、後漢の政治は腐敗していたのです。こうした社会不安のなかで、太平道《たいへいどう》という秘密結社が流行します。創始者の張角《ちょうかく》は、おふだと聖水により病気を治し、民の支持を得ていきました。張角はやがて、漢の天下は終わり、自分たち黄色の天下（黄天）が始まることを説きます。数十万といわれた各地の信者を三十六の「方《ほう》」という集団に分け、それぞれに「渠《きょ》帥《すい》」というリーダーを置いて、スローガンを広めます。「蒼天已《そうてんすで》に死し、黄天當《こうてんまさ》に立つべし。歳は甲子《こうし》に在り、天下大吉なり」。

簡単なところから説明します。甲子は、すべての年の始まりなので、革命が起こるといわれていました。この時代は、中平《ちゅうへい》・建安《けんあん》といった元号とともに、十干十《じっかんじゅう》二支の組み合わせで、年や日数を表現していました。日本でも、子《ね》年・丑《うし》年として残っている方が十二支、甲乙丙丁《こうおつへいてい》という数え方で残っている方が十干です。組み合わせは六十通り、六十年で暦が一回りするので、還暦《かんれき》といいます。この組み合わせの最初が甲子なので、すべてが革《あらた》まる革命の年で、天下は大吉だというのです。

その天下は、黄色の天下（黄天）です。これは、陰陽五行《いんようごぎょう》思想に基づきます。女と男・地と天・月と日、あらゆるものは陰と陽の交わりで生まれます。生まれたものは、五つの要素（五行）に分けられ、その要素は移り変わるのです。木を燃やすと火となり、火が燃えた跡は土となり、土からは金が掘り出され、金属は熱すると融解して水になる。水をあげると木は成長していきます。こうして、木→火→土→金→水と、五行は互いに生まれていく。これを五行相生《ごぎょうそうしょう》思想といいます。漢は火徳の王朝で赤をシンボルカラーとしていました。したがって、火徳に代わるものは土徳の黄色の王朝なのです。曹魏《そうぎ》が黄初、孫呉《そんご》が黄武・黄龍という元号を使っているのは、そのためです。「蒼天」が説明できませんね。五行思想では、「赤天」とすべきところです。わたしは、「蒼天」は儒教の天、「黄天」は黄老《こうろう》思想の天を示すと考えています。『詩経』では、「蒼天」という言葉で、天そのものを表現しています。

いずれにせよ、張角《ちようかく》たちは、かれらのシンボルカラーである黄色の頭巾をかぶって反乱を起こしました。黄巾の乱です。皇甫嵩は、後漢を事実上滅亡させたこの反乱を、朱儁《しゆしゆん》・盧植《ろしよく》たちとともに平定し、最大の功績をあげたのです。

左中郎将となった皇甫嵩は、潁川《えいせん》の黄巾の波才《はさい》を破り、汝南郡《じよなんぐん》・陳郡《ちんぐん》・東郡《とうぐん》の各地を転戦しながら勝利を重ね、ついに広宗《こうそう》の戦いで張角の弟張梁《ちようりよう》を討つとともに、すでに病死していた張角の棺《ひつぎ》を壊し、その首を首都の洛陽へ送りました。さらに、曲陽《きよくよう》では張角の弟張宝《ちようほう》を討ち、黄巾の討伐に成功したのです。この功績により、皇甫嵩は、左車騎将軍《さしやきしようぐん》・冀州牧《きしゆうぼく》となり、槐里侯《かいりこう》に封建されて八千戸の食邑《しよくゆう》を与えられたのです。

☯ 董卓の下風に立つ

このころ、冀州の信都令《しんとれい》であった閻忠《えんちゆう》は、上司にあたる皇甫嵩に、「世は乱れており、高い名声と功績は禍《わざわい》を招くだけです。それを避けるためには、独立して軍を動かし、天下を一つにまとめて、民心に従って漢に代わり、帝位に就きますように」と即位を勧めています。しかし、皇甫嵩はこれを拒絶し、閻忠は後難を恐れて逃亡しました。こうした野心のなさが、董卓《とうたく》の下風に甘んじた理由でしょう。

陳倉《ちんそう》で王国《おうこく》が反乱を起こすと、皇甫嵩は董卓の軍をも指揮下に置いて討伐に向かいます。軍中では、董卓の提案する計略をいずれも退け、反対の策を用いて勝利をおさめました。その結果、朝廷からは、二度にわたって董卓に、軍権を皇甫嵩に渡して帰還するよう指示が届きます。董卓は拒否して軍を握り続け、皇甫嵩との対立は決定的となりました。しかし、皇甫嵩は、董卓の軍を取り上げられませんでした。やがて、董卓が政権を握ると、皇甫嵩は召還され、逮捕・投獄されますが、危うく死刑は免《まぬが》れます。のちに董卓が太師《たいし》となり、壇上へ赴く際、一人が頭を下げなかったので、「義真、まだかな」と問われ、「これは失礼した」と謝罪をしています。

王允《おういん》・呂布《りょふ》による董卓の殺害後、皇甫嵩は征西将軍《せいせいしょうぐん》となり、最後は太尉《たいい》にまで昇り詰めたように、期待を寄せられ続けましたが、その直後に病死します。軍事的才能に秀でた儒将で、名士となり、黄巾の乱の平定に最も功績をあげても、野心がなければ乱世において抜きん出た存在となることはできなかったのです。

董《とう》卓《たく》

涼州兵の強さ

後漢

董《とう》卓《たく》

（一三九～一九二年）

字《あざな》は仲穎《ちゆうえい》。隴西郡臨洮県《ろうせいぐんりんとうけん》の人。何進《かしん》が出させた宦官《かんがん》誅滅の詔《みことのり》を受け、洛陽《らくよう》に向かった。何進が宦官に謀殺され、混乱のなか、外に連れ出された少帝《しようてい》と陳留王《ちんりゆうおう》（のちの献帝《けんてい》）を保護する。献帝を擁立したのちは、武力を背景として朝政をほしいままに動かした。反董卓連合軍の挙兵に対して、洛陽を焼いて長安《ちようあん》に遷都したが、呂布《りよふ》の裏切りに遭《あ》い死亡する。演義《えんぎ》では、司徒《しと》の王允《おういん》が歌伎《かぎ》の貂蟬《ちようせん》により、呂布と董卓との関係を切り裂いた、とされている。

（『三国志』巻六 董卓伝）

☯ 涼州兵の強さ

董卓《とうたく》は、字《あざな》を仲穎《ちゅうえい》といい、隴西郡臨洮県《ろうせいぐんりんとうけん》の人です。董卓が率いた軍隊は、後漢《ごかん》末の群雄のなかでも、屈指の強さを誇りました。それは、董卓自身が武勇に秀でていることにも原因があります。その武勇は、「董卓は生まれつき武芸に秀で、類《たぐい》まれなる腕力を持ち、二つの弓袋を身につけて、馬を疾走させながら左右から弓を射た」といわれるほどです。さらには、丁原《ていげん》から寝返って、董卓軍の武将となった呂《りょ》布《ふ》の個人的な武力にも、強さの理由はあるでしょう。しかし、それらだけではなく、率いていた軍そのものが強いのです。董卓が呂布の裏切りによって殺され、王《おう》允《いん》と呂布が政権を掌握した後に、董卓軍の残党を率いた李傕《りかく》と郭汜《かくし》は、呂布を破って長安《ちょうあん》を占領し続けます。董卓の強さは何よりも、その率いていた涼州兵《りょうしゅうへい》の力に依拠していたのです。涼州兵が強力である理由は、後漢の中期以降、涼州が羌族《きょうぞく》と後漢との激しい戦闘の続いた地域であったことに由来します。

チベット系の羌族は、開祖ともいえる無弋爰剣《むよくえんけん》が現れることにより勢力を拡大し、後漢の桓帝《かんてい》期には、焼当羌《しょうとうきょう》・先零羌《せんれいきょう》などが、代わるがわる後漢に侵入していました。名将の段熲《だんけい》は、すでに漢人地域に移住していた熟蕃《じゅくばん》（漢化した異民族）を自軍に編入しながら、羌族を討伐して数十万人を降服させ、安定郡《あんていぐん》・漢陽郡《かんようぐん》・隴西郡《ろうせいぐん》に居住させたのです。董卓は、そのなかの一つ、隴西郡の出身でした。したがって、董卓は、涼州に勢力を扶植《ふしょく》する以前から、羌族と関わりを持っていました。その有様《ありよう》は、「董卓は若いころから任侠《にんきょう》を好み、羌族の有力者と結びついていた。有力者が訪れると、董卓は自宅に連れ帰り、牛を殺してもてなした。羌族の有力者たちはこうした厚意に感じ入り、互いに集めた家畜千頭あまりを董卓に贈った」と伝わっています。董卓と羌族との関係の深さが分かるでしょう。

黄巾《こうきん》の乱が起こると、涼州の羌族は、漢人豪族の韓遂《かんすい》と辺章《へんしょう》を擁立して、再び反乱を起こします。翌年、羌族と婚姻関係にある馬騰《ばとう》も加わったこの反乱は、一時的に長安を脅かすほどでしたが、すでに述べたように皇甫嵩《こうほすう》により平定されました。しかし、反乱を起こした羌族は、関係の深かった董卓に降服する者が多く、董卓はこれを自分の軍に編入したのです。こうして董卓軍のなかには、羌族と戦い続けた漢人の精鋭と後漢に降服した羌族とが、多く含まれるようになりました。皇帝が董卓に対して、二度にわたって軍隊を皇甫嵩に引き渡すよう命じても、董卓が応じなかったのは、自分の率いる軍隊の強さを自覚していたためでしょう。

⑥名士の挙用

董卓を中央に招いたものは、後漢の腐敗でした。外戚《がいせき》と宦官《かんがん》は、宮中で内部抗争を繰り返し、郷里社会で後漢を支えていた豪族《ごうぞく》出身の儒教官僚は、党錮《とうこ》の禁《きん》により国家から排除されました。たとえ黄巾《こうきん》の乱が平定されても、後漢の支配が末期的な症状を呈していたことは変わらなかったのです。それでも、外戚と宦官との対立は止まず、外戚の何進《かしん》は、天下の兵を洛陽《らくよう》に集めて、宦官を誅滅することを企てたのです。涼州の董卓・幷州《へいしゅう》の丁原《ていげん》・泰山《たいざん》の王匡《おうきょう》・東郡《とうぐん》の橋瑁《きょうぼう》などの諸将がこれに応じ、兵を率いて入洛の途中、計画を察知された何進は宦官に殺されました。これに対して、袁紹《えんしょう》は、何進の部下とともに宦官を皆殺しにしますが、この混乱によって少帝《しょうてい》（のちの弘農王《こうのうおう》）と陳留王《ちんりゅうおう》（のちの献帝《けんてい》）は、宮中から追われ流浪を強《し》いられたのです。運良くこれに出くわした董卓は、少帝を戴いて洛陽に入城、何進の部下を自分の軍に吸収するとともに、呂布《りょふ》を裏切らせて丁原を殺害、その軍勢をも併せて、武力により政権を掌握したのです。

董卓といえば、残虐な政治という印象が強いと思います。事実その通りなのですが、董卓の人事政策には、意外な側面が含まれます。董卓は、党人《とうじん》の中心であった陳蕃《ちんばん》・竇武《とうぶ》の名誉を回復し、その子孫を任官させています。党人を起源とする名士の支持を得ようとしたのです。さらに、持ち前の無道な行いを抑え、残忍な性格を隠して、侍中《じちゅう》（皇帝の諮問《しもん》に応える側近官）に伍瓊《ごけい》、相国長史《しょうこくちょうし》（董卓が就いている最高官である相国の幕府の長官）に何顒《かぎょう》（曹操や荀彧《じゅんいく》を高く評価）といった名士《めいし》を次々と登用し、荀彧の伯父荀爽《じゅんそう》を司空《しくう》に、陳羣《ちんぐん》の父陳紀《ちんき》を卿《けい》（大臣）に抜擢《ばってき》しています。逆に、董卓の親愛する者は高い官職に就けず、将校とするだけでした。董卓は、徹底的に名士を登用しているのです。人材の登用といえば唯才《ゆいさい》主義を掲げた曹操、名士への礼遇といえば諸葛亮《しょかつりょう》を三顧《さんこ》の礼《れい》で迎えた劉備《りゅうび》が有名でしょうが、董卓もかれらに勝るとも劣らぬぐらい、名士を抜擢しているのです。なかでも、董卓は、後漢末の大学者である蔡邕《さいよう》を尊重していました。太公望《たいこうぼう》と同じ「尚父《しょうほ》」という称号を使おうとして批判されると止め、董卓の専権に対するいましめとして地震が起きたとされると、天子専用の青い傘の車に乗ることを止めています。暴虐な董卓の印象からは、遠い意外な一面でしょう。

　ただし、注目すべきは、董卓の抜擢に対する名士の対応です。名士は、外戚《がいせき》・宦《かん》官《がん》のとき以上に、政権を私物化する董卓には従いませんでした。たとえば、冀州《きしゅう》刺史《しし》に抜擢された韓馥《かんふく》は、着任すると軍勢を集め、董卓討伐に立ちあがっています。この動きはやがて、袁紹《えんしょう》を盟主とする反董卓連合軍の形成へと至ります。結局、最後まで董卓を見捨てず、その死去に哀悼の声をあげたものは蔡邕だけでした。ちなみに蔡邕は、それを王允《おういん》に咎められ、処刑されます。董卓は名士の支持を取り付けて、安定した政権を築こうとしたのですが、名士はそれを許しませんでした。以後、董卓は、持ち前の性格に基づき、暴虐非道を繰り返していくのです。

❻暴政の理由

名士を取り込めなかった董卓は、政権の基盤を軍事力に求めるしかありません。その軍の強さはすでに述べた通りですが、名士の支持がないなかで、全土を統一できる力はありません。董卓軍は、羌族《きょうぞく》を主力とする三千あまりの精鋭でした。しかし、それだけでは、洛陽の周辺を支配するにも数が不足すると考えたようです。董卓は、朝に入城した軍を夜中に外に出し、何度も洛陽に入城させる、というからくりによって、多くの軍勢を持っているかのように見せかけました。こうした自信のなさが、社《やしろ》の祭に集まっていた民を虐殺し、財産を奪った上で、賊を攻撃して大量の捕獲品をあげた、と言い触らすような、不当な軍功の誇示へと、董卓を駆り立てたのでしょう。

したがって、反董卓連合という形で恐怖が現実化すると、董卓は、守備に適さない洛陽を焼き払い、軍事拠点である長安へと遷都を行いました。当然、朝臣からは、激しい反発を受けます。それを暴力によって押さえ込む、ということの繰り返しによって、董卓自身、ならびにその軍勢は完全に制御を失っていきました。

董卓の抱える恐怖心は、拠点の郿《び》に建設した塢《う》（城壁で囲まれた砦）に象徴されます。董卓は、塢の城壁の高さを長安城と同じにし、三十年分の穀物を蓄えました。そして、成功すれば天下を支配し、そうでなければ、ここを守って一生を終えよう、と豪語したといいます。しかし、その言葉には、クーデターに怯《おび》える独裁者の恐怖を見ることができるでしょう。それは、王允《おういん》と呂布《りょふ》により現実化します。市に棄てられ腐敗した董卓の遺体からは油が流れ出て、芯《しん》をさして火を点《つ》けたところ、何日間も燃え続けたといいます。その明かりは、董卓に翻弄《ほんろう》された後漢の命運そのものでした。

呂《りょ》布《ふ》

一騎討ちの醍醐味

後漢

呂《りょ》布《ふ》

（？〜一九八年）

字《あざな》は奉先《ほうせん》。五原郡九原県《ごげんぐんきゅうげんけん》の人。三国《さんごく》時代最強の武勇を誇る。しかし、その個人的武力の卓越ぶりの割には、群雄として根拠地を維持し、兵を養っていく能力には欠けていた。丁原《ていげん》に従い上洛、董《とう》卓《たく》に籠絡《ろうらく》されて丁原を斬り、さらに、董卓の侍女との関係が発覚するのを恐れ、王允《おういん》の董卓暗殺計画に乗る。その後も裏切りと放浪を繰り返し、最後は下邳《かひ》で曹操に殺された。演義《えんぎ》では、董卓の侍女が、王允の歌伎《かぎ》である貂蟬《ちょうせん》と創作され、「美女連環の計」が展開される。

（『三国志』巻七 呂布伝）

誰が一番強いのか

呂布《りょふ》は、字《あざな》を奉先《ほうせん》といい、五原郡九原県《ごげんぐんきゅうげんけん》の人です。『三国志演義《さんごくしえんぎ》』では、物語の主役は、勇将・猛将によって占められます。関羽《かんう》や張飛《ちょうひ》が先陣をきり、敵将を討ち取ると、雑兵《ぞうひょう》たちはクモの子を散らすように敗走する。しかし、数千から数万もの軍隊同士の激突が、それほど単純に決着するはずはありません。戦国《せんごく》時代（前四〇三～前二二一年）以降、中国の戦いは集団戦に移行しているからです。それでも、演義は、諸葛亮《しょかつりょう》と司馬懿《しばい》の対決の際に、諸葛亮に「大将を戦わせるのか、兵を戦わせるのか、それとも陣法を戦わせるのか」と言わせており、大将の一騎討ちにより両軍の勝敗を定める、という戦いの思想を持っています。演義を読むときには、一騎討ちで勝敗が決まる、と考えて読むことが楽しいのかもしれません。

華雄《かゆう》を討ち取られた董卓《とうたく》軍からは、ついに呂布が姿を現す。真っ赤な錦《にしき》のひたたれを着け、大きな矛《ほこ》を手に、董卓から贈られた赤兎馬《せきとば》にまたがった呂布は、無人の野を行くように、兵をなぎ倒す。それをくい止めた者は張飛であった。張飛は呂布と五十回以上も打ち合ったが、勝負がつかない。これを見た関羽は、青龍偃月刀《せいりゅうえんげつとう》を舞わせて、呂布を挟み討ちにした。三頭の馬が丁字形になって攻め合い、三十回も打ち合ったが、呂布を打ち負かせない。劉備《りゅうび》は二本の剣を抜くと、黄色いたてがみの馬を走らせ、斜めから切り込んで加勢した。三人は呂布を囲み、回り灯籠《とうろう》のように力を合わせて戦った。形勢不利とみた呂布は、劉備に脅しの一撃を加え、劉備がかわすところを馬を飛ばして退却し、虎牢関《ころうかん》に逃げ込んでいった。

（『三国志演義』第五回）

それでも、個人として誰が一番強いのか、には関心が集まります。演義の設定では、そして史実においても、三国時代に個人として最も強い者は、呂布でしょう。史書には、呂布が「飛将《ひしょう》」と呼ばれ、「人中《じんちゅう》に呂布あり、馬中《ばちゅう》に赤兎あり」と称されたことが伝えられています。飛将とは、北方の遊牧騎馬民族匈奴《きょうど》と戦った前漢《ぜんかん》の武将李広《りこう》のことです。呂布の出身地である幷州《へいしゅう》では、幷州・涼州《りょうしゅう》を荒らした匈奴と戦った漢の名将の活躍が、伝承されていたのでしょう。「人中に呂布あり、馬中に赤兎あり」という軍中語《ぐんちゅうご》（軍隊のなかで行われた人物評価）は、呂布が袁紹《えんしょう》を助けて、黒山《こくざん》の張燕《ちょうえん》と対戦したときの勇姿をうたったものです。赤兎馬にまたがり、劉備三兄弟と対峙《たいじ》する虎牢関の戦いは、演義の虚構ですが、豪勇の関羽・張飛、そして劉備の三人をあしらうこの場面にこそ、呂布の強さは集約されています。その呂布が、根拠地も持てずに、敗れていくのです。戦いが一騎討ちだけではないことが理解できるでしょう。

☯董卓を打倒する

呂布を引き立てた者は、董卓です。幷州刺史《へいしゅうしし》の丁原《ていげん》の主簿《しゅぼ》（会計係）として上洛した呂布は、董卓から誘われるままに丁原を殺し、董卓と父子の契《ちぎ》りを結んで、その騎都尉《きとい》（騎兵を率いる部隊長）となったのです。演義は、丁原とも義父子であったとの設定により、裏切り者としての印象を濃くし、董卓から赤兎馬を贈られるという虚構を加えています。やがて、呂布は中郎将《ちゅうろうしょう》に昇進し、董卓のボディーガードを務めます。しかし、董卓は短気で、些細《ささい》なことをきっかけに戟《げき》で呂布に打ちかかったことがあります。呂布は身をかわし、董卓も謝ったので、その場はおさまりましたが、恨みは残りました。また、呂布は董卓の侍女と密通しており、事が露見することを恐れていました。

司徒《しと》の王允《おういん》は、呂布と同郷であったため、親しく付き合いがあり、この間の事情を観察したうえで、呂布に董卓暗殺を持ちかけました。演義は、ここに貂蟬《ちょうせん》を登場させます。王允は、呂布に側室とすると約束した貂蟬を董卓に献上し、二人の仲を割《さ》いて呂布に董卓を暗殺させる、という「美女連環の計」を仕掛けるのです。この話は、「三国志」の物語のなかでも特に人気があり、さまざまなバリエーションがあります。なかでも、貂蟬が関羽に斬られる話が、劇で盛んに演じられました。その話では、貂蟬が呂布の妻として設定されており、たとえ漢のためであっても、董卓と不義を犯した貂蟬は、義の人関羽に斬られることになるのです。いくらなんでも、ひどすぎます。『三国志演義』を最終的にまとめた毛宗崗《もうそうこう》は、貂蟬を王允が娘のように育てた屋敷の歌伎《かぎ》（身分の低い歌姫）と設定することにより、王允への孝と漢への義のために董卓と不義を犯した貂蟬を許し、呂布の側室として、そして呂布の死後は都に送られて安寧に暮らした、という話に落ち着かせています。貂蟬の王允への孝を高く評価しているのです。

董卓を殺害した呂布は、長安の英雄となりました。王允は、呂布を奮武《ふんぶ》将軍《しょうぐん》・温侯《おんこう》に任じ、三公《さんこう》と同じ儀礼を許し、ともに朝政を行いました。しかし、その政治は二ヵ月と続きませんでした。王允と呂布が、董卓の率いていた涼州兵を許さなかったので、李傕《りかく》と郭汜《かくし》が糾合した涼州兵に長安を陥落されたのです。

❻呂布に足りないもの

呂布は、袁術《えんじゅつ》のもとに逃れます。董卓は袁隗《えんかい》をはじめとする袁氏一族を殺害しており、呂布はその敵討ちをしたことになるからです。しかし、袁術は呂布の無節操を憎み、これを拒みました。仕方がなく、北方の袁紹《えんしょう》に仕え、黒山《こくざん》の張燕《ちょうえん》を破りますが、その傲慢さを嫌われ、張邈《ちょうばく》のもとに逃れます。曹操が徐州《じょしゅう》大虐殺を行ったことで、陳宮《ちんきゅう》が反乱を起こすと、張邈とともにこれに参加して、兗州牧《えんしゅうぼく》に迎えられ、濮陽《ぼくよう》で曹操と戦います。曹操に敗れた呂布は、徐州牧となっていた劉備《りゅうび》を頼り、その隙をみて張飛《ちょうひ》を破り、下邳城《かひじょう》を奪い取って劉備の妻子を捕虜とします。劉備は、呂布と和解して小沛《しょうはい》に駐屯し、捲土重来《けんどちょうらい》を期すことになります。

建安《けんあん》三（一九八）年、呂布は袁術と結んで曹操に反旗を翻《ひるがえ》し、劉備を破って曹操のもとへと追いやります。曹操は、自ら呂布の征討に赴き、下邳城を水攻めにしました。郭嘉《かくか》の進言により、沂水《きすい》と泗水《しすい》の流れを決壊させたのです。下邳城は、東門を除き、ことごとく水浸しとなりました。曹操が行った水攻めは、城市《じょうし》（城壁に囲まれた都市全体）の周囲に長大な堤防を築き、近くの河川から水を引いて水没させる戦法です。大規模な土木工事を必要とし、費用も日数も掛かる攻め方ですが、火薬がなかった三国時代には、城攻めの重要な戦術の一つでした。

困窮した呂布は、袁術に救援を求めますが、袁術は現れません。水攻めによって次第に兵糧が不足し、内部分裂した呂布の集団は崩壊、呂布も曹操に降服します。降服した呂布は曹操に、「あなたが歩兵を率い、わたしが騎兵を率いれば、天下は簡単に平定できよう」と提案しています。才能を重んじる曹操が、話に乗りかかると、劉備が進み出て、「よもや丁原・董卓が裏切られて殺されたことをお忘れか」と問い糺《ただ》します。曹操はうなずき、呂布は処刑されます。呂布は劉備を指さして、「こいつこそ信用できない食わせ者だ」と罵《ののし》り、首を締められて殺されました。

たしかに、劉備も呂布と同じように、傭兵集団として、さまざまな群雄の間を渡り歩いています。集団としての強さも、呂布の方が上でしょう。しかし、腹のなかはともかく、劉備の行動には信義があり、名士を尊重し、諸葛亮を三顧《さんこ》の礼《れい》で迎える度量がありました。自分の武力に自信を持ち続けた呂布は、それらすべてを欠いていたのです。その結果、「三国志」に多くの武勇伝を残しながら、群雄として根拠地を保有することができなかったのでした。

公《こう》孫《そん》瓚《さん》

白馬義従のすごみ

後漢

公《こう》孫《そん》瓚《さん》

（？〜一九九年）

字《あざな》は伯珪《はくけい》。遼西郡令支県《りようせいぐんれいしけん》の人。大儒の盧植《ろしよく》に学ぶが（同門の劉備《りゆうび》とは義兄弟）、学問よりも武力で身を立てる。異民族である烏桓《うがん》への強攻策を主張し、幽州牧《ゆうしゆうぼく》の劉虞《りゆうぐ》と対立、これを殺害して幽州を支配した。直属軍である「白馬義従《はくばぎじゆう》」の強さにより、しばしば袁紹《えんしよう》を脅かしたが、界橋《かいきよう》の戦いに敗れ、また名士を抑圧して人心を失っていたため、滅亡した。演義《えんぎ》では、善玉の劉備の義兄ということで、比較的好人物に描かれている。

（『三国志』巻八 公孫瓚伝）

幽州突騎の伝統

公孫瓚《こうそんさん》は字《あざな》を伯珪《はくけい》といい、遼西郡令支県《りょうせいぐんれいしけん》の人です。公孫瓚は、代々郡の長官を務めた比較的高い家柄の出身でしたが、母の出自が卑しかったため、郡の下役という低い地位で出仕せざるを得ませんでした。しかし、幸いにも太守《たいしゅ》（郡の長官）にその才能を認められ、鄭玄《じょうげん》と並ぶ後漢《ごかん》末の大儒盧植《ろしょく》のもとに留学できました。劉《りゅう》備《び》と知り合い、公孫瓚を兄として義兄弟になったのは、盧植のもとでのことです。のちに、盧植は北中郎将《ほくちゅうろうしょう》として黄巾《こうきん》の総帥張角《ちょうかく》を破った儒将です。自分が大軍を指揮するときの部将として、公孫瓚や劉備を教育・育成していたのでしょう。公孫瓚は、劉備と同様、儒教《じゅきょう》という基礎教養を身につけたうえで、群雄として台頭していきます。

公孫瓚の、そして劉備や盧植の出身地でもある幽州《ゆうしゅう》は、現在の北京を中心とする地域で、西方の涼州《りょうしゅう》と同じように、北方騎馬民族との関わりを強く持っていました。烏桓《うがん》という騎馬民族は、漢代を通じてモンゴル高原の覇者であった匈奴《きょうど》に対抗するため、漢との協力関係を維持していました。後漢を建国した光武帝劉秀《こうぶていりゅうしゅう》のもと、最も強力な軍隊を率いていた呉漢《ごかん》は、かれら烏桓族を中心とする「幽州突騎《ゆうしゅうとっき》」

を率いることにより、向かうところ敵なしの強さを誇ったのです。

この「幽州突騎」の伝統を受け継ぐのでしょう。後述する界橋《かいきょう》の戦いにおける公孫瓚軍の編成は、歩兵三万・騎兵一万であったと記録されています。歩兵と騎兵の比率は三対一、騎兵が異常に高い数値を示していることが分かるでしょう。ちなみに、同じく河北を支配した袁紹が、官渡《かんと》の戦いに動員した兵力は、歩兵十万・騎兵一万、両者の比率は十対一です。これが華北《かほく》の標準的な軍隊編成であったと考えられます。これに対して、呉郡《ごぐん》を制圧した際の孫策《そんさく》軍では、周瑜《しゅうゆ》・程普《ていふ》・呂範《りょはん》に等しく、歩兵二千・騎兵五十が授けられたといいます。歩兵と騎兵の比率は四十対一です。長江《ちょうこう》流域において騎兵を集めることが、いかに困難であったかを理解することができます。

後漢末に幽州牧となった劉虞《りゅうぐ》は、これほどの軍事的に優位な地を支配しながら、烏桓など異民族に対して懐柔策をとり、その軍事力を乱世の平定に利用しようとしませんでした。公孫瓚は、激しく劉虞と対立します。幽州に覇権を打ち立てようとする公孫瓚は、軍事力の確立を目指して黄巾の残党を軍に組み入れたほか、烏桓族をも含めた「白馬義従《はくばぎじゅう》」という白揃えの騎兵により、その威容を示したのです。

図一　幽州・幷州・涼州の北方民族と冀州強弩

幽州の北方には烏桓、涼州の南方には羌・氐、幷州には匈奴がおり、いずれも強力な騎兵を編成することができた。一方、冀州には、黄河の南に置かれた首都洛陽を守るため、騎兵に対抗できる強弩部隊が配置されていた。袁紹は、このうち涼州を除く三州を手に入れたため、中国統一に最も近い位置にいた。

⑤冀州強弩の守り

董卓《とうたく》が長安《ちょうあん》に逃げ込んだ後、袁紹《えんしょう》は反董卓連合軍の盟主としての地位を利用しながら、冀州《きしゅう》を中心に着々とその地歩を固めていきます。それに立ちはだかった者が公孫瓚《こうそんさん》でした。公孫瓚の切り札は、お揃《そろ》いの白い馬に乗り、敵陣を縦横無尽《じゅうおうむじん》に切り裂く弓の名手《めいしゅ》を揃えた騎兵「白馬義従《はくばぎじゅう》」です。公孫瓚が青州《せいしゅう》の黄巾を討ち、かえす刀で袁紹の本拠地に侵入すると、袁紹は出陣して界橋《かいきょう》で相まみえました。白馬義従を恐れる袁紹は、おとり部隊を利用します。公孫瓚はこれを侮《あなど》り、白馬義従に突撃を命じました。あと数十歩までに迫ったとき、それまで楯《たて》に隠れていた歩兵が、とつぜん喚声《かんせい》を揚げながら突進し、強弩《きょうど》が一斉に放たれます。公孫瓚の騎兵は大損害を被《こうむ》り、将軍の厳綱《げんこう》以下、千人あまりが討たれたのです。

騎兵は、そのスピードのため、通常の弓で迎え撃つことは難しいとされます。騎兵に対抗するための武器が強弩なのです。強弩は、現在の小銃と弓が合体したような外見をもち、先端のペダルを足で踏んだり、ハンドルを利用したりして弦《げん》をはり、機《き》と呼ばれる引き金を使って矢を発射させる弓です。手で引く弓に比べて貫通力があり、射程距離も長いので、軍馬を倒し、敵騎兵の弓の射程外から、敵を制圧することが可能なのです。袁紹の本拠地である冀州は、黄河を挟んだ南の洛陽《らくよう》を守るため、「冀州の強弩は天下の精兵」とうたわれた、当時最強の強弩部隊が置かれていました。公孫瓚自慢の騎兵は、「冀州強弩」に敗れたのです。歩兵が騎兵に対抗するための最強の兵器、それが強弩だったのです。

⑥名士への抑圧

界橋の戦いでの大敗を機に、公孫瓚の勢力は縮小し、根拠地の薊《けい》（現在の北京）に閉じこもります。対立を続けていた劉虞《りゅうぐ》は、好機とばかりに攻め寄せますが、公孫瓚はこれを撃破し、皇帝を名乗ろうとしたと誣告《ぶこく》して、劉虞を殺害しました。

しかし、劉虞の殺害は、公孫瓚の幽州支配を一層困窮させました。もともと公孫瓚は、支配地域内の名士を抑圧して低い地位に置いています。名士を優遇しても、かれらは自分の力によって高い地位に就いたと考え、公孫瓚への忠誠心を抱かない、と考えたからです。君主権力にとっての名士の問題点を、的確に表現した言葉だと思います。逆に公孫瓚が優遇した者は、商人の李移子《りいし》や楽何当《がくかとう》で、公孫瓚はかれらと「兄弟の誓《ちかい》」を行っています。公孫瓚は、名士とは対極の社会的低位に置かれた商人を優遇し、兄弟の誓に表れるようなかれらの忠誠心を集団の核としていたのです。商人は力がありながら、日本の江戸時代にも「士農工商」と差別されたように、中国の儒教でも低位に置かれる存在でした。そうした商人の経済力を引き出すことで、通常よりも値の張る白馬を揃えられたのです。ちなみに、徐州牧《じょしゅうぼく》の陶謙《とうけん》も、名士を抑圧し商人を寵愛《ちょうあい》していました。やがて、劉備を迎えることになる麋竺《びじく》です。諸葛亮が参入するまでの劉備もまた、かれらと同じような集団構成をとっているのです。

こうした集団は、確立した君主権力のもとで激しく戦うため、軍事力が強大になります。しかし、名士を抑圧するので、地域支配が安定しないのです。結局、公孫瓚は、その弱点を衝《つ》かれました。袁紹の大攻勢に対して、薊《けい》に籠城したのですが、外から救援しようとする名士はおらず、袁紹の地突《ちとつ》（地下道を掘り進めて城に攻め込む攻撃）により入城を許すと、敗北を覚悟して自殺しました。公孫瓚や呂布のように、名士を優遇しない場合には、軍事力が強大であっても地域支配が安定せず、政権を維持していくことは難しかったのです。

袁紹《えんしょう》

光武帝の戦略を継承

後漢

袁紹《えんしょう》

（？～二〇二年）

字《あざな》は本初《ほんしょ》。汝南郡汝陽県《じょなんぐんじょようけん》の人。四世三公《しせいさんこう》の名門袁《えん》逢《ほう》の庶子《しょし》。曹操《そうそう》とは何顒《かぎょう》を中心とするグループで旧知の仲。そこには荀彧《じゅんいく》も許攸《きょゆう》も所属していた。やがて反董卓《とうたく》連合の盟主となり、冀州《きしゅう》を拠点として公孫瓚《こうそんさん》を破り、河北を統一。後漢《ごかん》末において最も天下に近い男であったが、官渡《かんと》の戦いにおいて、曹操にまさかの大敗を喫し、失意のうちに病没した。演義《えんぎ》では、その優柔不断ぶりが、さらに強調されて描かれる。

（『三国志』巻六 袁紹伝）

❻ 四世三公の力量

後漢末の群雄のなかで、曹操の最大のライバルとなった袁紹《えんしょう》は、「四世三公《しせいさんこう》」（四代にわたって後漢の最高官である三公を輩出）と称えられた後漢屈指の名家「汝南《じょなん》の袁氏」の出身です。しかも、嫡子《ちゃくし》（正妻の子）として生まれた弟の袁術《えんじゅつ》が、家柄を笠に着て奢《おご》り高ぶったのに対して、庶出《しょしゅつ》（妾《めかけ》の子）の袁紹は、よく人に遜《へりくだ》ったので、多くの名士《めいし》が集団に参加しました。さらに、名士の宿敵である宦官《かんがん》を打倒した中心も袁紹でしたから、反董卓《とうたく》を掲げて参集した群雄は、当然のように袁紹を盟主と仰いだのです。

袁紹の勢力基盤は、四世三公を輩出した袁氏が、全国に抱える門生《もんせい》（弟子）と故吏《こり》（もとの部下）の支持にありました。袁紹が河北《かほく》を拠点とし、その出身地汝南郡が曹操の支配下に入ったあとでも、袁氏の門生・故吏は汝南郡のすべての県で兵力を持ち、曹操に対抗していました。曹操の部下満寵《まんちょう》がこれをすべて平定すると、二万の民戸と二千の兵を得ることができたといいます。袁氏の四世三公としての力量をここに見ることができるでしょう。さらに、袁氏はその社会的な地位を確かなものとするために、弘農《こうのう》の楊《よう》氏（同じく四世三公）・扶風《ふふう》の馬《ば》氏（馬騰《ばとう》・馬超《ばちょう》を輩出）・

陳留《ちんりゅう》の高《こう》氏（高幹《こうかん》を并州刺史《へいしゅうしし》とする）・潁川《えいせん》の李《り》氏（党人《とうじん》の中心である李膺《りよう》の家）・中《ちゅう》山《ざん》の甄《しん》氏（曹丕《そうひ》の甄皇后の生家）などの名族と婚姻関係を結んでいました。こうした繋《つな》がりは、袁氏の勢力安定に寄与したことでしょう。

袁紹は、さらに政権を強固にするため、門生・故吏関係を中核としながら、次々と名士を集団に参入させました。自身も名士であった袁紹は、党錮《とうこ》の禁《きん》の際に、積極的な活動を見せた名士何顒《かぎょう》を慕い、荀彧《じゅんいく》・曹操らとともに何顒グループの一翼を担っていました。そして、冀州牧《きしゅうぼく》となると、使者を派遣して汝南郡《じょなんぐん》の名士を迎えたのです。こうした態度が、荀彧をはじめ、弟の荀諶《じゅんしん》や辛評《しんぴょう》・郭図《かくと》といった豫《よ》州《しゅう》出身の名士を袁紹に仕えさせたのでしょう。荀彧たちは本来、同郷（潁川郡）出身の韓馥《かんふく》の迎えを受けた名士でした。それが故吏であった韓馥から州を譲られた袁紹に仕えた理由は、袁紹と荀彧がともに何顒グループに属し旧知であったことに加え、袁紹の名士を迎える積極的な姿勢に求めることができるでしょう。しかし、袁紹の才能に見切りをつけた荀彧が、やがて曹操に仕えたように、袁紹の対名士観が一方的に名士尊重であったことに対して、名士の対袁紹観が、必ずしも袁紹支持一辺倒でなかったことには、注目しておくべきでしょう。

☯ 光武帝の戦略

豫州《よしゅう》汝南郡出身の袁紹が、黄河《こうが》を越えて河北《かほく》を根拠地としたのは、光武帝《こうぶてい》劉秀《りゅうしゅう》の戦略に従ったためです。洛陽の南にあたる汝南郡は、文化的には中心地で多くの名士を輩出しましたが、軍事的にも経済的にも乱世の拠点とすべき土地ではありません。これに対して、荊州南陽郡《けいしゅうなんようぐん》出身の光武帝も、あえて黄河を渡って河北を根拠地としたように、「幽州突騎《ゆうしゅうとつき》」を持つ幽州、「冀州強弩《きしゅうきょうど》」を持つ冀州のほか、并州《へいしゅう》にも多くの異民族が居住する河北は、強力な兵馬を備えることができる、乱世の拠点でした。また、黄巾《こうきん》の中核が勢力圏を置いた青州《せいしゅう》を除けば、黄巾の乱の被害も少なく、河北は経済的にも中国を統一するために十分な兵糧を供給できる地域でした。涼州《りょうしゅう》を背後に持つ軍事拠点の長安《ちょうあん》を董卓が占領している以上、冀州を足掛かりに河北を統一していく戦略は、中国統一への最短距離だったのです。

幽州に強力な軍事力を持った公孫瓚《こうそんさん》を打破した袁紹は、順調に勢力を拡大し、冀州・幽州・并州・青州の河北四州を支配する後漢末最大の群雄となりました。そのころ、曹操もまた、河南《かなん》の兗州《えんしゅう》・豫州《よしゅう》を基盤に、献帝《けんてい》を擁立して天下に号令する立場を得ていました。

袁紹が、その本拠地である鄴《ぎょう》を精兵十数万を率いて出発すると、曹操は建安《けんあん》四（一九九）年八月、黎陽《れいよう》に軍を進めて先制攻撃を仕掛けます。これに対して、建安五（二〇〇）年二月、袁紹の大軍は、ついに進撃を開始しました。黎陽に進軍した袁紹は、軍を代表する猛将の顔良《がんりょう》に、白馬《はくば》を守る曹操側の劉延《りゅうえん》の攻撃を命じたのです。四月、曹操は荀攸《じゅんゆう》の献策に基づき、ひとまず延津《えんしん》に兵を進め、黄河を渡り敵の背後をつく作戦と見せかけ、白馬に急行します。予想どおり袁紹は軍を二分し、主力を西に向けて曹操軍が黄河を渡ることを防ごうとしました。これを見た曹操は、一気に白馬に向かい、劉備の部下でありながら一時的に曹操の部将となっていた関羽《かんう》が顔良を斬り、袁紹軍を大破したのです。顔良の敗戦を聞いた袁紹は、黄河を渡り延津の南に軍を進め、曹操を追いました。大軍に追撃された曹操は、わざと軍事物資を大量に棄てます。敵の騎兵がそれに気をとられると、曹操は反撃に転じ、顔良と並ぶ袁紹軍の勇将文醜《ぶんしゅう》を討ち取りました。あいつぐ武将の戦死に袁紹軍がひるむと、曹操は官渡に帰還します。緒戦は、『孫子《そんし》』の兵法《へいほう》どおり、兵力の少ない曹操が運動戦を行い、白馬で袁紹を破ったのです。

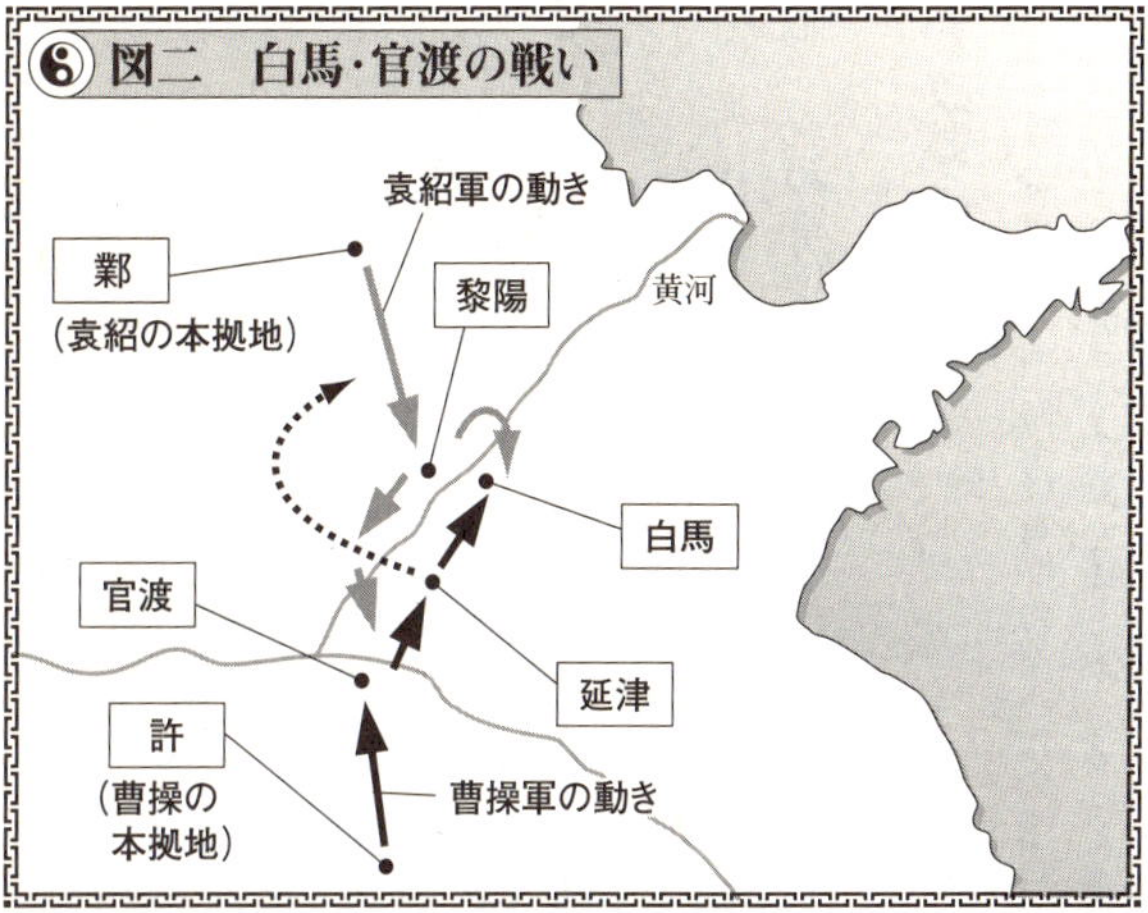

官渡の戦い

これに対して、袁紹は、大軍に有利な陣地戦で挽回を図ります。陽武《ようぶ》に陣を布《し》いた袁紹は、各陣営を横に連ねて前進し、官渡に迫って決戦を挑んだのです。曹操は兵力不足のため、陣営深くにひきこもります。そこで袁紹は、土山《どざん》と呼ばれる高地の上に、高い櫓《やぐら》を組んで矢の雨を降らせると、曹操は発《はっ》石車《せきしゃ》を使って櫓を破壊します。すると、袁紹は公孫瓚を破った地突《ちとつ》によって地下道を掘り進めたので、曹操も堀を造って対抗しました。こうした陣地をめぐる長期戦は、大規模な土木作業を伴うため、圧倒的に兵力の優勢であった袁紹に有利でした。

長期化する戦いのため、曹操軍では兵糧輸送が滞《とどこお》り始めます。さすがの曹操も弱気になって、留守を預かる荀彧《じゅんいく》に撤兵すべきか否かを相談しています。荀彧は情報を分析し、勝利を確信していたので、抗戦を続けるよう曹操を励ましました。兵糧に苦しんだのは、袁紹軍も同じでした。袁紹は淳于瓊《じゅんうけい》に輸送隊を迎えに行かせます。このとき、袁紹に献策を無視され続けた名士の許攸《きょゆう》が、曹操に帰順します。許攸は、淳于瓊が烏巣《うそう》で守る兵糧を攻撃すべきことを進言しました。その信用性を危ぶむ声もありましたが、荀攸《じゅんゆう》と賈詡《かく》の勧めもあり、曹操は自ら精鋭を率いて烏巣を攻撃して淳于瓊を破り、兵糧を焼き払いました。袁紹は、淳于瓊を救援する一方で、曹操不在の官渡を張郃《ちょうこう》・高覧《こうらん》に攻撃させます。しかし、張郃・高覧は曹操に降服、袁紹軍は総崩れとなって、官渡の戦いは曹操の勝利に終わったのです。

❻故郷と根拠地

これより先、沮授《そじゅ》は曹操の奇襲に備えるよう袁紹に進言していました。なぜ、袁紹は、沮授の進言に耳を傾けなかったのでしょう。また、許攸の裏切りも、自分の進言が袁紹に取り上げられないことを一因としていました。袁紹が名士の献策を用いなかったのは、袁紹の優柔不断な性格のほかにも原因があるのです。

光武帝《こうぶてい》は、故郷の南陽郡《なんようぐん》ではなく、河北を根拠地とすると、南陽出身で若いころから妻にと望んでいた陰麗華《いんれいか》ではなく、河北の豪族出身の郭氏《かくし》を皇后に立てました。河北を重視していることを明確に示したのです。ここまで徹底した拠点化を、袁紹は河北に対して行うことができませんでした。

袁紹配下の名士は、その出身地によって二つのグループに分かれます。一つは、河北出身者で、腹心と称され政権を支えた審配《しんぱい》（冀州《きしゅう》魏郡《ぎぐん》）、曹操にまでその才能を称《たた》えられた沮授《そじゅ》（冀州鉅鹿郡《きょろくぐん》）、袁紹から厚く迎えられた田豊《でんぽう》（冀州鉅鹿郡）など多くの名士が政権に参加しています。また、降服後、曹魏《そうぎ》を代表する名将となる張郃も冀州河間郡《かかんぐん》の出身でした。もう一つは、袁紹の冀州支配以前から結びつきがあった何顒《かぎょう》グループの許攸（荊州南陽郡）や逢紀《ほうき》、袁紹の故郷汝南郡の隣の潁川郡《えいせんぐん》出身の荀諶《じゅんしん》・郭図《かくと》・辛評《しんぴょう》などです。官渡を攻めた張郃が降服したのは、郭図に讒言《ざんげん》で陥れられたためであり、また、沮授の監軍《かんぐん》としての権力が分散されたのも、同じく郭図の讒言のためです。さらに、官渡への出兵を諫《いさ》めた田豊が、敗退後に殺されたのは逢紀の讒言のためでした。このように、出身地の異なる名士間の対立が、もともと優柔不断な袁紹の決断を鈍らせていたのです。

袁紹が光武帝の戦略を踏襲したことは、軍事的にはきわめて正しい選択でした。しかし、光武帝ほど大胆に河北に依存できなかった袁紹は、せっかく集まった有能な名士たちの能力を生かしきることができず、曹操に敗れていったのです。

劉《りゅう》焉《えん》

権力基盤の東州兵

後漢

劉《りゅう》焉《えん》

（？〜一九四年）

字《あざな》は君郎《くんろう》。江夏郡竟陵県《こうかぐんきようりようけん》の人。漢の魯恭王《ろきようおう》の末裔《まつえい》。後漢末の霊帝《れいてい》期に、天子の気《き》があるとされた益州《えきしゆう》の州牧《しゆうぼく》となった。当初は、益州豪族の協力を得たが、黄巾《こうきん》を平定して東州兵《とうしゆうへい》を組織、軍事的基盤を確立すると、一転して豪族を弾圧して専権を振るった。張魯《ちようろ》と結んで漢中《かんちゆう》を支配させ、朝廷と断交し、半独立の体制をつくりあげた。演義《えんぎ》では、はじめ幽州太守《ゆうしゆうたいしゆ》として登場、劉《りゆう》備《び》が義勇軍としてこれを助ける。劉焉の子である劉璋《りゆうしよう》から、劉備が益州を奪うことの伏線なのであろう。

（『三国志』巻三十一 劉焉伝）

❻東州兵の創設

劉焉《りゅうえん》は字《あざな》を君郎《くんろう》といい、江夏郡竟陵県《こうかぐんきょうりょうけん》の出身で魯恭王《ろきょうおう》の末裔《まつえい》にあたります。後漢《ごかん》末、地方の政治が乱れると、劉焉は霊帝《れいてい》に、清廉な重臣を選んで州牧《しゅうぼく》とし、大きな権力を与えて地方統治を円滑に行うよう、上奏しました。これまで、後漢の地方行政は、実際に行政を担当する秩石《ちつせき》（俸給を支給する穀物の量で示す）二千石の郡《ぐん》太守《たいしゅ》を、郡の上の行政単位である州《しゅう》を管轄する秩石六百石の刺史《しし》が監察することで円滑な統治を目指しました。俸給の安い刺史に太守の不法を積極的に弾劾《だんがい》させるようとしたのです。劉焉の改革案は、刺史に代えて秩石二千石の州牧を行政官として郡太守の上に置き、強い権限を持たせて、地方統治を建て直そうとするものでした。後漢末の群雄が孫氏《そんし》を除いて州牧の称号を持っているように、州牧の設置は、結果的には国家の分裂に拍車をかけることになりますが、霊帝はこれを採用して、劉焉を益州牧《えきしゅうぼく》、劉虞《りゅうぐ》を幽州牧《ゆうしゅうぼく》としました。霊帝は、宗室を派遣することにより、地方行政を建て直すつもりだったのです。

劉焉はもともと交州牧《こうしゅうぼく》（現在の広西省からヴェトナム北部を支配する州牧）を希望していました。ところが、益州には天子の気《き》（天子が出現する気配・予兆）がある、と説く董扶《とうふ》の勧めに従って、益州牧となったのです。赴任した益州では、黄巾《こうきん》の一派である馬相《ばそう》の乱が起きていました。劉焉は、手持ちの兵力がなかったので、益州豪族の賈龍《かりゅう》たちの力を借り、馬相の乱を平定します。その後、劉焉は、乱に参加していた民を許して、自分直属の軍隊に編成しました。名づけて東州兵《とうしゅうへい》といいます。東州とは本来、山東《さんとう》半島の青州《せいしゅう》や徐州《じょしゅう》を指す言葉で、益州や劉焉の出身地である荊州《けいしゅう》を指す言葉ではありません。劉焉は、西州とも呼ばれる益州の反対言葉として、すなわち益州豪族の兵ではなく自分直属の兵であることを示すために「東州」兵と命名したのでしょう。

このように、反乱に参加していた民を許して軍隊に編成することは、後漢末の群雄が軍事的な基盤を確立するために、しばしば利用した方法でした。そのなかで最も有力なものは、青州の黄巾を曹操が編成した青州兵《せいしゅうへい》で、曹操の強大化は青州兵を組織したことに始まるといわれています。これらを起源として魏晋南北朝《ぎしんなんぼくちょう》時代（二二〇～五八九年）には、もっぱら軍人になる家である兵戸《へいこ》が形成され、税を負担する一般の民戸《みんこ》とは、戸籍を異にして支配されるようになります。本来、農民となるべき多数の民を兵戸にすることは、農業生産力を低下させ、社会の不安定要素を増大させるものなのですが、戦乱期において兵力の供給源を確保することは至上命題だったのです。また、曹操の死後、青州兵が曹丕《そうひ》には仕えることを拒否したように、こうした集団は、それを結成した主人との間に強い個人的な結合関係を持つものでした。したがって、劉焉の東州兵もまた、政権を支える強力な軍事力となったのです。

☯政権の矛盾

東州兵を確立した劉焉は、罪もない有力な益州豪族を、十人あまりも殺害して自分の権力を誇示するなど、露骨に支配力の浸透を画策するようになりました。これに対して、益州豪族は、馬相《ばそう》平定の立役者である賈龍《かりゅう》を中心に反乱を起こします。しかし、東州兵は、奮戦してこれを平定しました。加えて、劉焉は、五斗米道《ごとべいどう》という、黄巾の乱を起こした太平道《たいへいどう》とともに道教《どうきょう》の源流となっていく宗教教団に対しても、その指導者張魯《ちょうろ》の母との密接な繋《つな》がりによって影響力を行使できたので、劉焉の益州支配は、安定していました。

ところが、劉焉が卒《しゅっ》して（死んで）、その子の劉璋《りゅうしょう》が後を嗣《つ》ぐと、父に比べて「威略なし」とされる個人的資質の乏しさゆえに、政権が抱えていた東州兵と益州豪族との対立という矛盾が爆発します。東州兵が武力を背景に益州豪族を抑圧することを劉璋が黙認したため、益州豪族が趙韙《ちょうい》を中心に反乱を起こしたのです。その勢力は、蜀郡《しょくぐん》・広漢郡《こうかんぐん》・犍爲郡《けんいぐん》という、益州の最も重要な三郡をその支配下に置くほどのものでした。これに対して、東州兵は再び「死戦」して、この乱をも平定します。しかし、その後も益州は、政権を支える東州兵と益州豪族の一触即発の状態が続きます。加えて、劉焉に従っていた張魯も劉璋には従わず、自分の支配する漢《かん》中《ちゅう》で宗教王国を建設し、益州へ攻め込む気配を見せていました。劉璋の益州支配は、崩壊寸前にあったといってよいでしょう。こうした劉璋政権が生き延びられた理由は、華北における袁紹と曹操との対立や、赤壁《せきへき》での曹操と孫権・劉備との対立、という大きな歴史の流れのなかで、益州の地形的な独立性によって半ば放置されていたことによります。となれば、華北を曹操が、荊州を劉備が、江東を孫権が領有することが定まれば、益州は三者から狙われることになります。そのなかから、草廬対《そうろたい》（いわゆる「天下三分の計」）以来、蜀（益州）を取ることとの必要性を説いていた諸葛亮の方針に沿って行動した劉備が、両者に先んじて益州を獲得するのです。

⑥東州兵の最期

劉備の入蜀は、劉璋政権に不満を持つ益州豪族の張松《ちょうしょう》の画策と呼応して行われました。東州兵の横暴を嫌っていた益州豪族は、劉備の入蜀を歓迎さえしたのです。そうしたなかで、劉備に対して苛烈に抵抗したものは、東州兵でした。かれらは、緜竹《めんちく》や葭萌《かぼう》などで劉備軍と激しく交戦し、劉備の軍師中郎将《ぐんしちゆうろうしょう》の龐統《ほうとう》を戦死させるなど、劉備の益州平定に二年あまりの歳月を費やさせたのです。東州兵の強大な武力と、政権との密接な結びつきを理解することができるでしょう。

東州兵以外で、劉備に抵抗したものに、東州兵とともに戦死した張任《ちょうじん》がいます。張任は代々寒門《かんもん》の家、すなわち豪族的な勢力を持たない下層の出身でした。もともと流民である東州兵にしても張任にしても、劉備に抵抗したものは、益州に勢力を持たない者たちでした。これに対して、月旦評《げったんひょう》（月初めの品定め）という人物評価で有名な名士で、蜀郡太守《しょくぐんたいしゅ》の地位にあった許靖《きょせい》は、自分の支配する蜀郡の成都県《せいとけん》に対する劉備の攻撃中、城を越えて降服することを謀り、劉璋に見つかって失敗する、という体《てい》たらくを演じています。さすがに、これには劉備もあきれたようで、許靖を官に就けることはしませんでした。それに対して法正《ほうせい》は、「許靖のような高い名声を持つ者を任用しなければ、政権の評価が下落します。許靖は何の役にも立たない人物ですが、高く任用すべきです」と進言しています。政権の安定には貢献することの多い名士ですが、必ずしも政権の存立基盤にならないことは、公孫瓚の認識どおりなのです。

劉焉が天子を気取るほど強力な君主権力を確立できたのは、東州兵という軍事基盤を創設することに成功したからでした。しかし、自分の軍事的な基盤を野放図《のほうず》に拡張するにまかせ、郷里社会の既得権益者である豪族の利益を損なうことを放置したため、劉璋政権は崩壊したのです。

第二章

華北を定める

曹操のもとに集いし英傑たち

魏

曹《そう》操《そう》
曹《そう》丕《ひ》
夏《か》侯《こう》惇《とん》
夏《か》侯《こう》淵《えん》
曹《そう》仁《じん》
張《ちょう》遼《りょう》
張《ちょう》郃《こう》
典《てん》韋《い》・許《きょ》褚《ちょ》

新しい時代を切り開く
公的な国政運営
拠点を守る
六日で千里の急襲
八卦の陣
対呉戦線の切り札
諸葛亮との攻防
曹操を守る

曹《そう》操《そう》

新しい時代を切り開く

魏

曹《そう》操《そう》

（一五五～二二〇年）

字《あざな》は孟徳《もうとく》。沛国譙県《はいこくしようけん》の人。祖父の曹騰《そうとう》は宦官《かんがん》であるが、その財力と人脈は曹操の基盤となった。父の曹嵩《そうすう》は夏侯《かこう》氏よりの養子である。洛陽《らくよう》から逃げる董卓《とうたく》を追撃し大敗するが、これにより名士の注目を集め、荀彧《じゅんいく》らを配下に迎えた。官渡《かんと》の戦いにより袁紹《えんしょう》を破り、華北を統一したが、赤壁《せきへき》の戦いで周瑜《しゅうゆ》に大敗、天下統一は夢と消えた。その後は漢を滅ぼす準備を行い、魏公《ぎこう》・魏王《ぎおう》と爵位を進めるも、曹魏《そうぎ》の創建は息子の曹丕《そうひ》に託し、病没した。

（『三国志』巻一 武帝紀）

☯乱世の姦雄

曹操《そうそう》は、字《あざな》を孟徳《もうとく》といい沛国譙県《はいこくしょうけん》出身で、宦官《かんがん》の養子の子です。ただし、その言葉が持つほど賤《いや》しい家柄の出身ではありません。曹操の祖父である曹騰《そうとう》は、桓帝《かんてい》の擁立に功績があり、天下の名士を高官に推薦し、広く交友関係を結んでいました。橋玄《きょうげん》を推挙した种暠《ちゅうこう》は、その一人です。このため橋玄は、無名の曹操を評価し、人物批評家の許劭《きょしょう》に紹介しました。許劭は仕方なく、「君は治世の能臣《のうしん》、乱世の姦雄《かんゆう》である」と評します。曹操はたいへん喜んで帰ったといいます。

曹操が喜んだ理由は、評語の内容にはないでしょう。許劭の評価を受けることで、名士《めいし》への仲間入りを承認されたからです。曹操は、何顒《かぎょう》を中心とする名士の集団に属しました。何顒は、曹操を天下を安《やす》ずる者、荀彧《じゅんいく》を王佐の器と評価し、袁《えん》紹《しょう》と奔走の友でした。こうして袁紹の弟分となった曹操は、反董卓《とうたく》連合のなかで、袁紹から行奮武将軍《こうふんぶしょうぐん》に推薦されます。諸将の誰もが袁紹を仰ぎ見るなか、鮑信《ほうしん》と弟の鮑韜《ほうとう》は曹操の異才に気づき、「戦乱をおさめる者は君だ」と曹操に接近します。

袁紹が董卓と戦わないなか、曹操は洛陽《らくよう》への進撃を唱え、董卓の中郎将《ちゅうろうしょう》の徐栄《じょえい》と戦い、鮑韜ほか多数の死者を出して敗退します。兵を失った曹操は、袁紹軍に合流するほかありませんでした。しかし、敗れたとはいえ、漢の復興のため董卓と戦ったことで、曹操の大義名分は際立ちました。これがのちに、献帝《けんてい》を擁立する正当性を支えることになり、また漢の護持《ごじ》を掲げる名士に曹操の存在を知らしめたのです。

河北《かほく》を制圧していく袁紹を見て、鮑信《ほうしん》は河北に見切りをつけ、黄巾《こうきん》の盛んな河南《かなん》に出ることを勧めます。袁紹の許可を得て河南に出て、兗州牧《えんしゅうぼく》となった曹操は、青州《せいしゅう》の黄巾と激しく戦い、鮑信を失います。大きな犠牲を払い、黄巾からの妥協もあって、ようやく兵三十万、民百万を帰順させました。このなかから精鋭を集めたものが、曹操の軍事的基盤となる青州兵です。青州兵を得たことは、その直後に程《てい》昱《いく》が参入するなど、曹操への期待を高めました。ここに荀彧《じゅんいく》が加入します。名士本流の荀彧が袁紹を見限って曹操に従ったことは、多くの名士が集団に参加する契機となりました。

こうしたなか、曹操が袁術《えんじゅつ》を攻撃すると、陶謙《とうけん》は曹操の父を殺して報復しました。袁術と袁紹との対立を軸に、公孫瓚《こうそんさん》—陶謙—孫策《そんさく》の「袁術派」と曹操—劉表《りゅうひょう》の「袁紹派」とが抗争していたためです。感情豊かな曹操は、冷静な判断などできません。父の復讐のため、徐州《じょしゅう》で民をも含めた大虐殺を行います。これは生涯の汚点となり、また名士の失望も買いました。焦った曹操は、虐殺を批判した名士の辺《へん》譲《じょう》を殺害します。完全な逆効果でした。第二次徐州遠征の隙をつき、陳宮《ちんきゅう》と張邈《ちょうばく》が呂布《りょふ》を招いて、兗州《えんしゅう》で反乱を起こしたのです。

荀彧は、程昱とともに拠点を死守しました。一年あまりをかけて兗州を回復した曹操に、荀彧が正当性の回復策を提案します。献帝《けんてい》の擁立です。ここに曹操は、自分の代には漢を滅ぼせなくなりました。しかし、献帝を迎えることで、漢の復興を大義名分として名士の支持を回復できました。さらに、荀彧は、兗州にある拠点を豫州《よしゅう》の潁川郡《えいせんぐん》（荀彧の出身地）の許県《きょけん》に移すことを勧めます。そして、許の周辺で屯《とん》田制《でんせい》を開始したのです。軍隊ではなく一般の農民に土地を与え、租《そ》と調《ちょう》を税とする新しい民屯は、隋唐《ずいとう》の均田制《きんでんせい》と租庸調制《そようちょうせい》の源流となり、曹操の財政を支え続けました。

こうして曹操は、軍事的基盤の青州兵、経済的基盤の屯田制、政治的正当性を示す献帝擁立を行うことに成功し、河南の豫州・兗州を支配して、ようやく袁紹と全面的に戦い得る体制を整えたのです。

☯猛政の志向

袁紹との決戦である官渡《かんと》の戦いでは、同じく何顒《かぎょう》グループの名士であった許攸《きょゆう》がもたらした烏巣《うそう》急襲策を採用して勝利をおさめました。しかし、その勝利は、許《きょ》で献帝《けんてい》を守り、兵糧を供給し、名士のネットワークを活用して袁紹陣営の情報を収集・分析した荀彧《じゅんいく》の陰の功績に大きく依存していました。

曹操と荀彧の目指す政治には、共通点があります。ともに後漢の儒教の限界を感じていたのでしょう。後漢の儒教における第一の特徴は、漢の支配を正統化するところにあります。黄巾《こうきん》の乱の二年前に卒《しゅっ》した春秋《しゅんじゅう》公羊学者《くようがくしゃ》の何休《かきゅう》は、孔子《こうし》は『春秋《しゅんじゅう》』を漢のために著《あらわ》したと明言しています。漢は、孔子がその成立を予感し、祝福した聖なる王朝だとするのです。第二の特徴は、刑罰をあまり用いない寛治《かんち》と呼ばれる支配のあり方を正当化することにあります。部下が法を犯しても、反省を促すだけで処罰はしない。豪族が郷里社会で力を伸ばしても、それを取り締まらずに利用する。こうした寛治の限界が、後漢末の混乱をもたらした原因の一つでした。

袁紹もまた、寛治による支配を行っていました。荀彧と同様、袁紹を見限って曹操に仕えた郭嘉《かくか》は、「後漢は寛により衰退したのに、袁紹は寛によりそれを救おうとしている。だから治まらないのだ」と厳しく批判します。郭嘉は続けて、「それに対して、公（曹操）は猛によりこれを正そうとしている」と評価します。曹操は猛政を志向していたのです。それには、曹操が理想とした橋玄《きょうげん》の政治姿勢が影響を与えていることは、すでに述べたとおりです。

一方、荀彧の出身地潁川郡《えいせんぐん》は、戦国《せんごく》時代に法家《ほうか》思想を集大成した韓非子《かんぴし》が現れた韓《かん》の中心地です。法刑を尊ぶ風潮が継承されていたのでしょう。荀彧の娘婿《むすめむこ》である陳羣《ちんぐん》（潁川郡出身）は、のちに曹魏《そうぎ》の「新律十八篇《しんりつじゅうはちへん》」という法典編纂《へんさん》の中心人物となっています。また、荀彧を「顔回《がんかい》（孔子最愛の弟子）」と評価して尊敬する鍾繇《しょうよう》（潁川郡出身）は、廷尉《ていい》（法務大臣）などの法務官僚として多く活躍しました。荀彧自身も、寛治の後漢では廃止されていた肉体を傷つける刑罰である肉刑《にくけい》の復活により、刑罰の強化を図ろうとしています。荀彧たち潁川郡出身の名士は、法刑の重視により統治の安定を目指す猛政を推進する儒者であったのです。曹操と荀彧、ともに政権の強化に邁進する思想的共通性が、二人にはありました。

ところが、赤壁《せきへき》の戦いに敗れ、中国統一を断念した曹操が、君主権力の強化と後漢に代わる曹魏の建国とを目指すようになると、両者の関係は急速に悪化します。

董昭《とうしょう》から曹操を魏公《ぎこう》に推薦する相談を受けた荀彧《じゅんいく》が、儒教的理念を掲げてこれを非難すると、両者の対立は決定的となりました。建安《けんあん》十七（二一二）年、孫権《そんけん》討伐の途上で、曹操により荀彧は死に追い込まれたのです。

名士にとって、荀彧の死は衝撃でした。荀彧の従子の荀攸《じゅんゆう》が、建安十八（二一三）年、曹操の魏公就任を勧める文の筆頭に名を掲げたように、荀彧の死後、名士は、曹操の君主権力に対して屈伏を余儀なくされます。それでは、曹操の全面的な勝利によって、君主権力が確立したのか、というとそうではありません。

曹操と荀彧の政治目的は、後漢の寛治で行き詰まっている乱世を猛政により平定する、という時点までは共通でした。また、荀彧は、諸葛亮《しょかつりょう》のように、あくまで漢の復興にこだわる「漢の忠臣」でもありません。しかし、その目指す国家は、名士の価値観の中心である儒教に基づき運用される「儒教国家」であるべきでした。ところが、曹操は、漢を滅ぼすのみならず、漢を正統化する儒教をも踏みつぶし、法刑に基づく国家を建設しようとしたのです。自分の抱負が曹操のもとでは実現不可能であることが明らかとなるにつれ、荀彧は漢の擁護へと転じていったのでした。

だからこそ曹操は、漢の簒奪《さんだつ》はもとより、君主権の確立や人事基準の唯才《ゆいさい》主義による統一、政治理念における法術《ほうじゅつ》主義の実現のために、荀彧が押し立てていた儒教を中核とする名士の文化的諸価値を粉砕する必要がありました。荀彧を殺害することは、軍事力を持つ曹操には容易なことでした。しかし、名士を成り立たせている基盤は、軍事力でもなければ経済力でもありません。その出自は豪族《ごうぞく》層が多い名士ですが、かれらを支えているものは文化的な価値なのです。儒教的価値の優越性を梃子《てこ》に文化的諸価値を専有する名士に対抗するためには、新たな文化的価値を創出し、名士のそれを相対化するか、すべての価値を君主権力に収斂《しゅうれん》する必要がありました。曹操は、その新たな価値として文学を選び、自分の正当化の手段としたのです。

☯文学の宣揚

荀彧《じゅんいく》を死に追い込む二年前、曹操はすでに人材登用の方針として唯才主義を掲げていました。「廉潔な人物ではなく、陳平《ちんぺい》（前漢の高祖劉邦《りゅうほう》の功臣）のように兄嫁と密通し賄賂《わいろ》を受ける者であっても、唯《ただ》才能だけを基準として人材を登用する」と天下に宣言しています。これは、明らかに儒教《じゅきょう》から逸脱しています。曹操は自分の思想的位置を、漢の正統性を支えている儒教から離そうとしていたのです。

それと同時に、曹操は文学の宣揚《せんよう》も開始します。曹操のサロンから発展した建安《けんあん》文学《ぶんがく》は、中国史上初の本格的な文学活動と評されています。もちろんそれまでも、自分の内的な価値基準において、文学を最高の価値と考える者はいたでしょう。しかし、後世の科挙《かきょ》のように、詩作などの文学的才能が評価されて、高い官職に就き得る状況は、これまでにはなかったことです。曹操は、五官将《ごかんしょう》文学《ぶんがく》など文学を冠する官職を創設し、文学の才能を基準に就官させたほか、文学に秀でた曹植《そうち》を寵愛し、一時は後継者に擬《ぎ》することもありました。文学は、こうして曹操により、儒教とは異なる新たな価値として、国家的に宣揚されたのです。

今日に伝わる曹操の文学作品はすべて楽府《がふ》です。楽府とは、宮中音楽、すなわち皇帝の主宰する晩餐会で演奏される音楽の歌詞をいいます。

周《しゅう》の西伯昌《せいはくしょう》　此《こ》の聖徳を懐《いだ》く。（周の文王《ぶんおう》は聖徳の人である。）

天下を三分して　其《そ》の二を有《たも》つも、（天下の三分の二を保有しながら、）

貢献《こうけん》を修め奉《たてまつ》り　臣節《しんせつ》を墜《うしな》わず。（殷《いん》の臣下で有り続けていた。）

曹操は歌います。自分は周の文王である、と。周では文王の子である武王《ぶおう》が、殷を滅ぼして周を創設しました。自分はお前を滅ぼさないが、子には国家を譲るように。このような詩を宴席で歌《うた》われた献帝《けんてい》の胸中は、いかなるものだったでしょう。楽府は、大勢で唱和します。群臣は、快くこれを唱和できたのでしょうか。

曹操の文学は自らの正当性を歌いあげるものです。しかも、一見、豪快に。

酒に対《むか》へば当《まさ》に歌ふべし。（酒を前にしては当然歌うがいい。）

人生幾何《いくばく》ぞ、譬《たと》へば朝露《ちょうろ》の如し。（人生は短い、朝露のようなものだ。）

と歌いだす有名な「短歌行《たんかこう》」其の一も、結局、最後は、

周公《しゅうこう》哺《ほ》を吐きて、（周公は食事の途中で食べかけを戻して人と会うほど、）

天下心を帰せり。（人材登用に熱心で、天下の人は心を寄せた。）

と終わります。天下の人材を才能によって登用するぞ、という自分の政治方針を宣伝する詩なのです。このほか、曹操には漢への挽歌《ばんか》（葬送曲）とすぐに分かる、董《とう》卓《たく》・袁紹《えんしょう》・袁術《えんじゅつ》が漢を荒廃させたことを歌う詩、あるいは、従軍した兵士が涙を流すであろう、袁氏掃討の際における出征の労苦を歌う詩もあります。

曹操にとって文学とは、自分の正当性を奏《かな》でる手段でした。建安文学《けんあんぶんがく》は、曹操の支配の正当性を広めていく、宣伝のための文学として開始されたのです。

時代の創設者

曹操は、陳寿《ちんじゅ》の評価どおり「常《つね》の人に非《あら》ず」といえましょう。中国史に最も影響を与えた三国時代人と言い換えることもできます。軍隊指揮に抜群の能力を発揮し、兵法書の『孫子』には注をつけました。内政では、農民に土地を与える代わりに税金を負担させる屯田制《とんでんせい》を施行して、青州兵《せいしゅうへい》を軍事基盤としました。

儒教にとらわれない人材の登用も、法刑を優先しようとする政治のあり方も、漢を、そして名士を支えてきた儒教の価値を相対化するなかで推進されました。曹操は儒教一尊の後漢的な価値基準を打破して、文学など多くの文化に価値を見出そうとしたのです。新しい詩ができると、それを管弦にのせて音楽の歌詞にします。音楽的センスにも優れていたのです。また、書道では草書《そうしょ》を、遊びでは囲碁《いご》を得意とし、五斗米道《ごとべいどう》などの宗教にも興味を抱き、養生《ようせい》の法を好み、方術《ほうじゅつ》の士を招きました。

曹操によって、三国時代が大きな歴史の転換点となったのです。政治的には、漢四百年の統一国家が崩壊し、三百七十年に及ぶ魏晋南北朝《ぎしんなんぼくちょう》の分裂のなかで、名士を母体とする貴族《きぞく》が支配階級となります。経済的には、豪族の大土地所有が進展する一方で、隋唐律令体制《ずいとうりつりょうたいせい》に結実する屯田制などの土地や税の制度が、国家により整備されます。文化的には、漢の儒教一尊の風潮は崩壊し、仏教《ぶっきょう》・道教《どうきょう》が盛んに信仰され、文学・書画などが新たな文化的価値として定着していくのです。

曹《そう》丕《ひ》

公的な国政運営

魏

曹《そう》丕《ひ》

(一八七～二二六年)

字《あざな》は子桓《しかん》。曹操《そうそう》の子。魏王の位を嗣《つ》ぎ、献帝《けんてい》の禅《ぜん》譲《じょう》を受け、曹魏《そうぎ》の初代皇帝となった。文学の価値を高らかに宣言した文章篇《ぶんしょうへん》を含む『典論《てんろん》』を著《あらわ》した文化人としても有名である。一方で、かつて借金を断られた曹洪《そうこう》をいじめ、関羽《かんう》に降服した于禁《うきん》を憤死させ、妻の甄皇后《しんこうごう》に自殺を命じるなど冷酷な性格も目立ち、なかでも後継者を争った曹植《そうち》を圧迫した。演義《えんぎ》では、それが強調され、七歩のうちに詩を作らなければ処刑すると、曹植に難題をふっかけている。

(『三国志』巻二 文帝紀)

漢魏革命の正統性

曹丕《そうひ》は字《あざな》を子桓《しかん》といい、曹操《そうそう》の嫡長子で、魏王の位を嗣《つ》ぎ、漢の献帝《けんてい》の禅譲《ぜんじょう》を受けて、曹魏《そうぎ》の初代皇帝となりました。漢魏革命は、前漢《ぜんかん》を奪った新《しん》の王莽《おうもう》のそれに次ぐ史上二度目の禅譲という形式をとりました。禅譲の基礎をつくった者は、曹操です。後世から「魏武輔漢《ぎぶほかん》の故事《こじ》」と呼ばれる先例の積み重ねにより、自分の子がすぐにでも漢の献帝から禅譲を受けられるようにしておいたのです。「魏武輔漢の故事」は、次の四段階を順序よく踏んでいきます。

①皇帝に謁見する際、賛拝不名《さんぱいふめい》（名前を名乗らない）・入朝不趨《にゅうちょうふすう》（小走りをしない）・剣履上殿《けんりじょうでん》（帯刀したまま宮殿に入る）という三つの特権を受ける。
②皇帝の権威の象徴である九錫《きゅうせき》（皇帝が儀礼を行うための機具）を受ける。
③堯《ぎょう》が二人の娘を舜《しゅん》に娶《めと》らせたことにならい、娘を皇帝に嫁がせる。
④禅譲を受けて新しい王朝を開く。

曹操が③まで行っていましたので、曹丕は、④を実行しただけでした。と書くと、簡単に漢を滅ぼせたような気がしてしまいます。が、曹丕は、四回にわたって漢の献帝から皇帝の位を譲るという詔《みことのり》を出させ、これを三回断ったあとで受けるという煩雑な形式を繰り返しています。そのたびに出された文章によれば、漢魏革命は三つの論理で正統化されています。

第一は、漢魏革命を堯舜《ぎょうしゅん》革命に準《なぞら》えること、第二は、緯書《いしょ》による魏の正統化、第三は、天文と結びついた瑞祥《ずいしょう》の出現です。この三種は並列に主張されたのではなく、第一の論理が第二・第三のそれを支えます。第二の緯書とは、予言のことで「漢に代わるものは当塗高《とうとこう》である」という袁術《えんじゅつ》も利用した「当塗高」が、魏であることを確認しています。第三は、魏の勃興が天文現象に現れ、めでたい瑞祥が各地に現れている、という報告が相次いだことです。

もっとも重要な第一の論理は、いにしえの帝王で火徳《かとく》の堯《ぎょう》（漢は堯の子孫と考えられていました）は、自分の子ではなく、臣下の舜《しゅん》（土徳。明帝《めいてい》のときに、曹操は舜の子孫だと主張されます）に天子の位を譲ったが、それは天下を「公《おおやけ》」のものと考え、「私《わたくし》」しなかったためである、という『礼記《らいき》』の主張を踏まえています。曹操によって、一尊の地位から引きずり下ろされた儒教は、曹丕の即位を正統化する論理を提供することで、自らの地位を守ろうとし、曹丕もまた儒教に基づいて禅譲を行ったのです。

☯「公」的な国政の運用

　こうして即位した文帝曹丕は、「公」的な国政の運用に努めました。後漢を衰退させた外戚《がいせき》・宦官《かんがん》の専横は、自分の母の一族である外戚や日常の世話係である宦官といった、皇帝の「私」的関係者に権力を振るわせたことが原因でした。曹丕は、外戚の国政への介入を禁止し、宦官が諸官署の長官以上に昇進することを禁止しました。また、自らと後継者を争った曹植《そうち》の文学的才能を恐れたこともありますが、曹氏一族の政治参加を制限し、「公」的な国家権力の運営に努めたのです。

　人事基準も儒教に置きました。たとえば曹操の唯才《ゆいさい》主義により抜擢《ばってき》されていた楊《よう》沛《はい》は、曹丕のときには、その能力を発揮できませんでした。陳羣《ちんぐん》の献策により制定した九品中正《きゅうひんちゅうせい》という官僚登用制度も、その価値基準を儒教に置いていました。

　九品中正制度は、郡ごとに設置される中正官が、任官希望者に対して、郷里の名声に応じて一品から九品の郷品《きょうひん》（人物評価に基づくランキング）を与え、それから原則として四品下がった官品《かんぴん》（職級、郷品二品ならば六品）の職に就き、以後、一生をかけて郷品の官品まで出世していく（郷品二品をもらえば、最終的には官品二品まで昇進できます）という制度です。

これは、漢代の郷挙里選《きょうきょりせん》（郡太守が官僚候補者を中央に推薦する制度）に比べれば、地方行政官から人事権が切り離されており、中央集権的な制度であるといえましょう。また魏のころには、家柄ではなく才能に応じた郷品が与えられており、曹操の唯才《ゆいさい》主義とも妥協する内容になっています。

しかし、その価値基準は、あくまで儒教に置かれていました。しかも、この制度は、名士が国家の外の社会的な秩序として持っていた仲間社会の人物評価に、中正官の手を通じて国家的な承認が与えられ（名士の人物評価が、郷里の名声として中正官の郷品付与の基準になるからです）、名士の間の名声によって、国家の官職の上下が定められる制度となっています。すなわち、九品中正制度は、曹操のときには、名士に対して勝利をおさめていた君主権力が、陳羣に代表される名士に巻き返されて、両者の妥協のなかで形成された制度と考えられるのです。

陳羣は、こののち名士の代表として、文帝期の政界で重きをなしました。その後継者こそ、諸葛亮との戦いで有名な司馬懿《しばい》なのです。荀彧に評価された司馬懿は、名士の指導者として次第に勢力を拡大し、文帝期の末には撫軍大将軍《ぶぐんだいしょうぐん》となって、軍事力の枢要を握り、その孫の司馬炎《しばえん》が西晋《せいしん》を建国するに至ります。

文学の宣揚の終焉

曹丕《そうひ》が、このように陳羣の言いなりとなって制度を定め、また文学の宣揚を諦めて、儒教に回帰したのはなぜでしょうか。曹丕は、個人的には文学を愛好していました。曹丕の代表作である『典論《てんろん》』の論文篇《ろんぶんへん》には、「思うに文章を書くことは国を治めるうえで重大な仕事であり、朽《く》ちることのない偉大な営みである」と記されています。これまで儒教に比べて低い価値しか認められてこなかった文学への見方を覆《くつがえ》す、高い評価を文学活動に与えたのです。また、曹丕は同じく論文篇に、「奏《そう》と議《ぎ》の文章は典雅であることがよく、書《しょ》と論《ろん》の文章は論理が通っていることがよく、銘《めい》と誄《るい》の文章は事実に合っていることが大切で、詩《し》と賦《ふ》は美しいことが望ましい」とも述べています。文学のジャンル区分と創作理論の始まりです。

曹操・曹丕の保護のもと発達した建安文学《けんあんぶんがく》は、詩の形式としては、五言詩《ごごんし》に対偶《たいぐう》や押韻《おういん》などの工夫をこらすものとなり、『詩経《しきょう》』以来の四言詩《しごんし》とは異なる表現法を開花させ、文学の叙情化を進めました。こうして中国の文学は本格的に開始された、はずなのです。それなのに、なぜ。

曹操は多くの子に恵まれましたが、なかでも嫡妻から生まれた長子の曹丕と三男の曹植《そうち》は、ともに秀でた才能を持っていました。とりわけ曹植は、父にも勝る抜群の文学的センスの持ち主で、曹操が名士に対抗するための文化的価値として文学を尊重すればするほど、後継者争いで曹植が有利となるのでした。これに対して、名士の根底にある儒教的価値基準では、後継者は嫡長子の曹丕でなければなりません。荀彧《じゅんいく》・荀攸《じゅんゆう》亡き後の名士の中心であった陳羣《ちんぐん》は、曹丕の後継を積極的に支援したのです。

曹操は悩みました。果断な曹操が、後継者の指名という権力者にとって最も重要な決断を遅らせた理由は、曹植の文学的才能によって、儒教に代わる新たな文化的価値である文学の地位を確立して名士に対抗する、という魅惑的な選択肢に目が眩《くら》んだためでしょう。しかし、赤壁《せきへき》での敗退、その結果としての蜀漢・孫呉政権の存在は、名士の協力を断ち切ってまで、君主権力の確立を目指すことを曹操に許しませんでした。結局、曹操は曹丕を後継者に指名します。

曹丕は、こうして後継者となれたのです。儒教に回帰し、陳羣の献策を受け入れて、名士に有利な九品中正制度を定めなければならなかった理由は、曹植との後継者争いに原因があるのでした。

夏《か》侯《こう》惇《とん》

拠点を守る

魏

夏《か》侯《こう》惇《とん》

(?〜二二〇年)

字《あざな》は元譲《げんじょう》。沛国譙県《はいこくしょうけん》の人。曹操《そうそう》の父である曹嵩《そうすう》は、夏侯氏からの養子であり、夏侯惇は、曹操の従弟《いとこ》にあたる。曹操挙兵時からの腹心で、乱戦のなか、片目を失ったので「盲夏侯《もうかこう》」とも呼ばれる。そのため、演義《えんぎ》では、猛将のイメージが強く、多くの戦いで華々しく活躍するが、史実では専《もっぱ》ら後方補給と本拠地の守備を担当している。曹操の信頼が最も厚い武将である。また、清廉・質素で、部下を労《いたわ》り、曹丕《そうひ》が即位すると大将軍《だいしょうぐん》となるなど、臣下として最高の待遇を受けた。

(『三国志』巻九 夏侯惇伝)

曹操、生涯最大の危機

夏侯惇《かこうとん》は、字《あざな》を元譲《げんじょう》といい、沛国譙県《はいこくしょうけん》の人で、曹操《そうそう》の従弟《いとこ》にあたります。曹操の挙兵時から付き従い、初平《しょへい》元（一九〇）年、曹操が行奮武将軍《こうふんぶしょうぐん》になると、夏侯惇は司馬《しば》に任命され、曹操とは別に白馬《はくば》に駐屯して、折衝校尉《せっしょうこうい》・東郡太守《とうぐんたいしゅ》に昇進します。校尉として軍を率いてはいますが、主な職務は兗州《えんしゅう》のなかでも重要な拠点である東郡《とうぐん》を守ることにありました。

やがて袁術《えんじゅつ》と結んだ陶謙《とうけん》に父を殺された曹操《そうそう》は、徐州《じょしゅう》に侵入して大虐殺を行います。その際、夏侯惇は東郡の濮陽県《ぼくようけん》に駐屯していました。そこに、徐州での虐殺を憎んだ陳宮《ちんきゅう》と張邈《ちょうばく》が反乱を起こし、呂布《りょふ》を引き入れたのです。夏侯惇《かこうとん》は、済陰郡《せいいんぐん》の鄄城《けんじょう》にいる曹操の家族を救出するため、軽装備の軍勢を率いて鄄城に向かいました。しかし、折り悪《あ》しく、途中で呂布の軍と交戦することになったのです。呂布は、濮陽に入城すると、夏侯惇の管理していた軍需物資を奪い、また降服すると見せかけて、夏侯惇をだまして人質とします。そのうえで夏侯惇の軍が持っていた財貨を奪い取ろうとしました。夏侯惇の首よりも、夏侯惇が持っていた財貨を呂布は狙っているのです。夏侯惇が曹操の金庫番だったことを理解できるでしょう。夏侯惇の部下の韓浩《かんこう》は、「国の法として、人質にかわまず賊を攻撃せよ」と命令し、交渉に来ていた呂布の配下を驚かせます。夏侯惇は無事に釈放されました。

こうしているうちにも、兗州《えんしゅう》はほぼ呂布の支配下に入り、曹操側に残った拠点は、東郡《とうぐん》の鄄城《けんじょう》のほか范城《はんじょう》・東阿《とうあ》の三県に過ぎませんでした。『三国志演義《さんごくしえんぎ》』では、「呂布は無能であるから、すぐに回復できる」といった曹操の強気の発言が目立ちますが、その割にはなかなか呂布を追い払えていません。実は、これが曹操の生涯最大の危機だったのです。追い詰められた曹操の拠点を守り抜いた者は、荀彧《じゅんいく》と程昱《ていいく》、そして何よりも軍を率いていた夏侯惇でした。戻ってきた曹操は、一年あまりの歳月をかけて、やっとの思いで兗州を奪回したのですが、その戦いのなかで、夏侯惇は左目を失ったのです。

曹操軍には、夏侯惇と夏侯淵《かこうえん》という二人の夏侯将軍がいました。軍中では、このとき以来、夏侯惇のことを「盲夏侯《もうかこう》」と呼びました。しかし、夏侯惇自身は、これを嫌い、鏡を見るたびに腹を立てて、地面に鏡を投げ捨てたといいます。こののちも夏侯惇は、演義に見られるように各地を転戦したりはせず、陳留《ちんりゅう》太守・済陰《せいいん》太守として、後方の守りに就き続けたのです。

☯食糧を確保する

曹操が注をつけた兵法書の『孫子《そんし》』は、戦いの方法を記した書物でありながら、戦わないことが最善であると主張しています。『孫子』謀攻篇《ぼうこうへん》は、「百戦して百勝することが最も善いわけではない。戦わないで相手の軍を屈伏させることこそ、最善なのである」と述べています。それは、戦いには莫大な費用が掛かり、国家を疲弊させるためです。したがって、『孫子』謀攻篇は、「用兵の方法は、国家を全《まつと》うすることを最上とし、相手の国を破ることはこれに次ぐ。軍を全うすることを最上とし、相手の軍を破ることはこれに次ぐ」と述べ、戦いをせざるを得なくなった場合には、勝利をおさめても、国家の疲弊や軍事力の減退を招かないことが重要であるとしているのです。

それでは、実際にはどのくらいの費用が掛かるのでしょう。『孫子』作戦篇は、「十万の兵力を千里の彼方《かなた》に出兵させると、兵車・武器の補充、食糧の補給、使者の接待費など朝廷内外の経費をまかなうために、一日千金の費用が掛かる」と述べています。単純には換算できませんが、漢の中産階級の資産が十金とされていますので、中産階級の総資産の百人分、現在の貨幣価値でいえば、一日数十億円の費用が掛かった、と考えてよいでしょう。夏侯惇は、その管理と守備を任されていたのです。曹操の信頼の厚さが分かると思います。

戦争に掛かる費用のなかでも、とりわけ大きな比重を占め、困難を極めるものが、食糧の補給でした。このため『孫子』作戦篇は、「善く軍隊を運用する者は、一年に二回徴兵することはなく、一年に三回食糧を徴発することはない。敵国の食糧により兵糧をまかなうようにすれば、兵糧は足りる」と述べています。自国の消耗を防ぐため、敵国の食糧を奪い取れ、というのです。

夏侯惇は、日照りやイナゴの害が起こると、自ら率先して土を運び、河をせき止めて堤を築き、将校・士卒を指揮して穀物を植えるように指導しました。そのため、人々は、飢えから免《まぬが》れたといいます。洛陽《らくよう》や許《きょ》といった、どこからでも攻め込むことができる中原《ちゆうげん》の土地を根拠地としながら、曹操が各地を転戦できたのは、守備の要《かなめ》である夏侯惇が、軍を率いて根拠地を守るだけではなく、自ら率先して農業指導を行うほど、食糧の確保に努めたからなのでした。

☯ 曹操の厚い信頼

　曹操が河北《かほく》の袁氏を平定している間も、夏侯惇は後詰めを務めていました。袁氏の拠点であった鄴《ぎょう》を陥落させた後には、伏波将軍《ふくはしょうぐん》となり、法令に拘束されずに、自分の判断で行政を司ることを許されています。その後も、曹操の厚い信頼を受け続け、建安《けんあん》二十一（二一六）年、孫権《そんけん》への征伐に従った際には、帰還の途中に全二十六軍の総司令官となり、居巣《きょそう》に駐屯して孫呉の動きに備えています。

　夏侯惇は、軍中にあるときにも、つねに先生を迎えて親しく講義を聞いたといいます。かれも儒将なのです。また、性格も慎ましく清潔で、余分な財産がある場合には、人々に分け与えていました。財務官僚として必要不可欠の清廉さを持っていたのです。

　曹操は、夏侯惇を軍の重鎮として尊重するだけではなく、同じ車に乗って出かけて特別に親愛の情を示し、寝室まで自由に出入りをさせました。猜疑《さいぎ》心が強く、部下を疑うことの多かった曹操ですが、夏侯惇への信頼は、揺らぐことがありませんでした。文帝曹丕《ぶんていそうひ》が曹魏《そうぎ》の皇帝に即位すると、夏侯惇は軍の最高位である大将軍《だいしょうぐん》に任命されますが、数ヵ月後に逝去しました。

切り札とは言い難いけれども、安定感があり、抜群の信頼関係を君主との間に持つ将軍、それが夏侯惇でした。曹操が主力部隊を握って各地を転戦する間、別動隊を率いて守備にあたる。そうした任務を安心感を持って委ねられるところに、目を見張るような功績はない夏侯惇が、曹操から尊重され続けた理由があるのでしょう。

夏《か》侯《こう》淵《えん》

六日で千里の急襲

魏

夏《か》侯《こう》淵《えん》

（？〜二一九年）

字《あざな》は妙才《みょうさい》。沛国譙県《はいこくしょうけん》の人。夏侯惇《かこうとん》の従弟《いとこ》。曹操《そうそう》挙兵時からの宿将。「典軍校尉《てんぐんこうい》の夏侯淵、三日で五百里、六日で一千里」と評されるほど、急襲を得意とした。「司令官はときには臆病さも必要だ」と、その猪突猛進ぶりを曹操から諫《いさ》められていたが、曹操が心配したとおり、定軍山《ていぐんざん》で黄忠《こうちゅう》に斬られる。演義《えんぎ》では、銅雀台《どうじゃくだい》が完成した際に、すでに的に当たっている四本の矢の真ん中に射当てる弓術を披露するなど、個人的武勇の高さが強調されている。

（『三国志』巻九 夏侯淵伝）

⑥方面軍司令官

　夏侯淵《かこうえん》は、字《あざな》を妙才《みょうさい》といい沛国《はいこく》譙県《しょうけん》の人で、夏侯惇《かこうとん》の従弟《いとこ》にあたります。曹操《そうそう》が故郷で事件を起こしたときには身代わりとなり、曹操の挙兵とともに別部司馬《べつぶしば》・騎都尉《きとい》として、各地を転戦しました。袁紹《えんしょう》を官渡《かんと》の戦いに破った後は、兗州《えんしゅう》・豫州《よしゅう》・徐州《じょしゅう》の兵糧を取り仕切り、曹操軍へ輸送を続けました。夏侯惇が拠点を守り、夏侯淵が兵糧を運ぶ、二人の夏侯将軍が曹操の軍を支えていたことが分かります。ただし、慎重な性格の夏侯惇とは異なり、夏侯淵は勇猛で先頭に立って戦いました。軍中語《ぐんちゅうご》に、「典軍校尉《てんぐんこうい》の夏侯淵、三日で五百里、六日で一千里」と評されるほど、敵の不意を衝《つ》く急襲を得意としたのです。

　赤壁《せきへき》の戦いに敗れた曹操は、失墜した威信を回復するため、関中《かんちゅう》の平定を目指しました。旧都長安《ちょうあん》を中心とする関中地方は、韓遂《かんすい》・馬超《ばちょう》を中心とする十名の軍事集団によって分割支配されていたのです。曹操が漢中《かんちゅう》の張魯《ちょうろ》討伐を名目に関中に兵を進めると、韓遂・馬超らは、関中の東の関門にあたる潼関《どうかん》に兵を集めます。渭《い》水《すい》をはさんで関中軍と対峙《たいじ》した曹操は、賈詡《かく》の離間策を入れて韓遂と馬超との間を裂き、完勝をおさめました。

　関中の諸将の主力は、涼州兵《りょうしゅうへい》の流れを汲む軽装騎兵でした。董卓《とうたく》が、そして呂《りょ》布《ふ》が軍事基盤とした強力な軍隊です。曹操は、わざと中央におとりの軽装歩兵を配置して、関中の騎兵にぶつけ、左右には親衛騎兵の「虎豹騎《こひょうき》」を展開、虎豹騎が関中の騎兵を背後から攻めたてます。正面から新手の重装歩兵もあらわれ、関中のほこる軽装騎兵を包囲殲滅《せんめつ》したのです。虎豹騎とは、百人隊長から選抜された者も含まれる、曹操軍の最精鋭部隊です。かつ虎豹騎の多くは「鉄騎《てつき》」と呼ばれる、軍馬も馬甲《ばこう》（馬よろい）や面簾《めんれん》（馬かぶと）で全身をおおった重装騎兵でした。甲騎具装《こうきぐそう》は西アジアに起源をもち、遊牧民族を介して東アジアに入ったと考えられています。漢の強弩《きょうど》に対抗するため、匈奴《きょうど》などの遊牧民族が取り入れたのです。曹操は、歩兵と騎兵、さらには弩兵を有機的に組みあわせた統合戦術を確立していました。

　こののちの関中および涼州の平定は、夏侯淵に委ねられました。戦線が拡大するとともに、すべての軍を曹操が率いることは不可能となっていたのです。曹操は、夏侯淵が方面軍司令官《ほうめんぐんしれいかん》に成長することを望み、関中・涼州の平定という大役を任せたのでしょう。本来、将軍は軍の全権を握る重職であるため非常設の官でした。し

曹操が総合戦で勝利する

☯ 図三　潼関の戦い（211年）

曹操が中国統一をするうえで脅威となる勢力に、関中の諸将がある。曹操は漢中の張魯討伐を名目に、関中の諸将をおびき出して戦をしかけた。

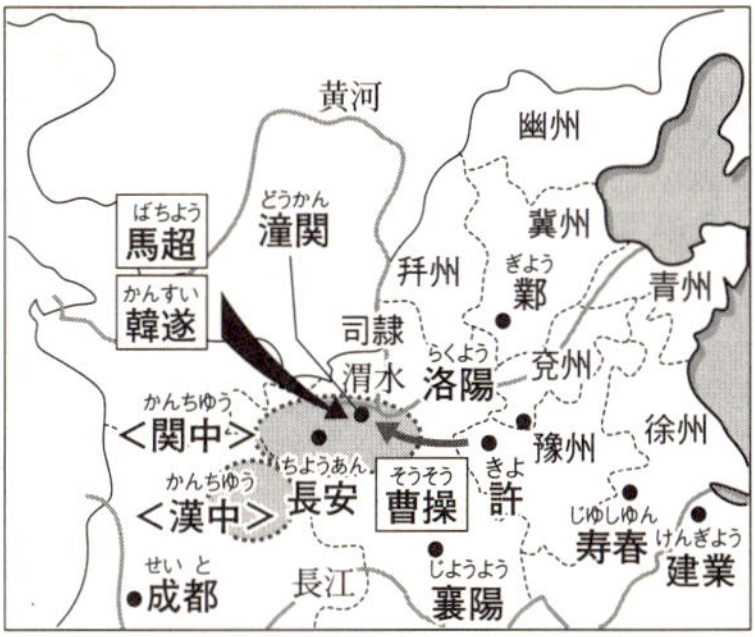

騎兵＋歩兵の総合戦術

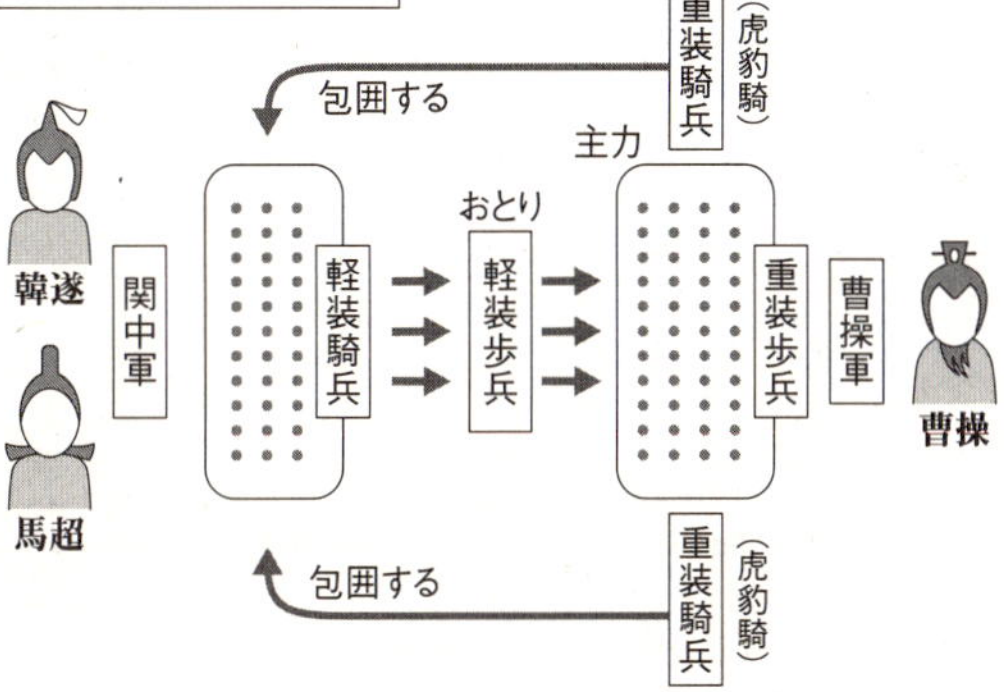

曹操は騎兵と歩兵を組みあわせて、関中の強力な騎兵を包囲し、撃破した。

かし、三国時代は戦乱が続いたため、将軍号が乱発されていました。そのため、多くの将軍を率いて方面軍司令官となるものは、都督《ととく》という官職を兼ねます。夏侯淵が就いていた征西将軍《せいせいしょうぐん》は、都督を兼ねることができる、方面軍司令官として最も代表的な将軍号です。

漢中攻防戦

一方、渭水《いすい》の戦いで敗れた馬超《ばちょう》は、反撃の機会をうかがっていました。建安《けんあん》十八（二一三）年正月、馬超が再起すると、父の馬騰《ばとう》以来、馬氏に心を寄せていた涼州の郡県は、馬超に呼応しましたが、ただ冀城《きじょう》だけは寝返りませんでした。馬超は、張魯《ちょうろ》とともに冀城を包囲します。守将の楊阜《ようふ》はよく抗戦しましたが、冀城は陥落して、馬超は再び涼州を制圧したのです。涼州を支配した馬超は、涼州刺史の韋《い》康《こう》、別駕従事《べつがじゅうじ》の閻温《えんおん》などの名士を次々と殺害します。地域社会に影響力を持つ名士を弾圧しては、支配が安定するはずもありません。その年の九月には、楊阜らの計略により、馬超の涼州支配は崩壊します。一方、韓遂《かんすい》は馬超を支援しながら、夏侯淵と戦っていました。韓遂軍の主力は羌族《きょうぞく》の兵でした。興国城《こうこくじょう》にたてこもった韓遂に対して、夏侯淵は羌族の居留地を攻撃して、韓遂をおびき出します。野戦にひきずりこまれた韓遂は大敗し、夏侯淵は涼州を平定しました。こののち、羌族が曹操に謁見する際には、曹操は夏侯淵を侍《はべ》らせて羌族を威圧したといいます。夏侯淵の威名は、羌族に鳴り響いていたのです。

　曹操が漢中《かんちゅう》に張魯を征討すると、夏侯淵は涼州の精兵を率いて参加し、張魯の降服後、漢中の守備を命じられました。一方、劉備は、劉璋《りゅうしょう》を下して益州《えきしゅう》を取り、益州の喉《のど》にあたる漢中攻略を目指していました。陽平関《ようへいかん》を固める夏侯淵に対して、劉備は黄忠《こうちゅう》を定軍山《ていぐんさん》に陣取らせ、川越しに漢中盆地をうかがう形勢を取ります。夏侯淵は精鋭を率いて、張郃《ちょうこう》とともにその後を追い、劉備軍と戦いました。黄忠伝によれば、山腹に待機していた黄忠は、陣太鼓をいっせいに打ち鳴らし、怒濤《どとう》のように坂を駆け下って殺到し、夏侯淵を討ち取ったといいます。老将黄忠の大手柄でした。こののち、曹操は自ら兵を率いて、漢中の奪回に向かいますが失敗、「漢中は鶏肋《けいろく》（にわとりのあばら）のようなもので、棄てるには惜しいが役には立たない」と言い、漢中全域を放棄します。劉備は、魏延《ぎえん》を漢中太守に抜擢するとともに、自らは漢中王《かんちゅうおう》の位に就いたのです。

☯匹夫の敵

夏侯淵伝によれば、最期の戦いは黄忠伝の記録と異なります。ある夜、劉備が夏侯淵の陣営の囲いの逆茂木《さかもぎ》に火を放ちました。夏侯淵は、張郃《ちょうこう》に東の囲いを守らせ、自ら軽装の兵士を率いて南を守ります。しかし、劉備の軍勢が張郃を破ったので、自分の率いる兵士の半数を救援に向けました。その隙を劉備の老将黄忠に衝《つ》かれます。そのとき率いていた兵は、わずか四百。逆茂木の補修に赴《おもむ》いて、奇襲を受けた夏侯淵は、斬殺されたというのです。

夏侯淵戦死の知らせを受けた曹操は、絶句します。そして、悲しみ、軍令を発布しています。「指揮官は自重して、自ら武器をとって戦うことも慎むべきものである。まして、鹿角砦《ろくかくさい》（逆茂木）の修理など、指揮官のすることではない」と。

夏侯淵は、曹操の「指揮官は臆病でなければならないときもある。勇気だけにたよるのは、匹夫《ひっぷ》の敵（一人を相手にする兵卒）だ」という訓令を無視し、軽率な行動をとったために敗れたのです。

曹《そう》仁《じん》

八卦の陣

魏

曹《そう》仁《じん》

(一六八〜二二三年)

字《あざな》は子孝《しこう》。曹操《そうそう》の従弟《いとこ》。曹操とともに挙兵し、騎兵を率いて活躍する。江陵《こうりよう》で周瑜《しゆうゆ》と戦った際には、配下の牛金《ぎゆうきん》が数千の敵兵に包囲されたところを、精鋭数十騎を率い、包囲網を破って救出、「天上世界の人」だとその功績を称《たた》えられた。樊城《はんじよう》を関羽《かんう》に包囲されたときには、将兵を激励し、徐晃《じよこう》の援軍が来るまで持ちこたえた。演義《えんぎ》では、徐庶《じよしよ》に「八門金鎖《はちもんきんさ》の陣」を破られ、諸葛亮《しよかつりよう》の火攻めに大敗するなど、蜀漢《しよくかん》の引き立て役とされている。

(『三国志』巻九 曹仁伝)

☯曹魏を代表する名将

曹仁《そうじん》は、字《あざな》を子孝《しこう》といい、曹操《そうそう》の従弟《いとこ》です。挙兵以来、曹操に従い、方面軍司令官《ほうめんぐんしれいかん》を歴任してきました。建安《けんあん》十三（二〇八）年、華北を制圧した曹操は、劉表《りゅうひょう》の死去に乗じて荊州《けいしゅう》を平定しましたが、周瑜《しゅうゆ》に赤壁《せきへき》の戦いで敗れました。その後、曹仁は攻め寄せた周瑜と江陵《こうりょう》で戦います。このとき曹仁は、配下の牛金《ぎゅうきん》が数千の敵兵に包囲されたため、自ら精鋭数十騎を率いて包囲網を破って救出、「天上世界の人」だとその功績を称《たた》えられています。戦いは、一進一退の末、周瑜が勝利をおさめ、曹仁は樊城《はんじょう》を拠点に荊州を守ることになりました。

やがて、劉備《りゅうび》が入蜀して益州《えきしゅう》を支配し、漢中《かんちゅう》に進撃すると、それに呼応して公安《こうあん》より関羽《かんう》が攻め寄せてきます。関羽は、折からの長雨による漢水《かんすい》の氾濫を利用して、救援に赴《おもむ》いた于禁《うきん》たち七軍を水没させました。そうしたなか、曹仁は数千の人馬とともに樊城を死守します。城壁のうち水没を免《まぬが》れた部分は、わずか数メートルであったといいます。関羽は船に乗って城に臨み、幾重にも包囲して外部と城内の交通を遮断していました。それでも曹仁は、城内を激励して必死の覚悟を示し続けたため、将兵は感動して二心を持つ者はいなかったのです。

徐晃《じょこう》の働きもあって樊城は解放され、関羽は呉の呂蒙《りょもう》に敗れました。荊州を全うした曹仁は、やがて文帝《ぶんてい》の即位とともに車騎将軍《しゃきしょうぐん》・都督荊揚益三州諸軍事《ととくけいようえきさんしゅうしょぐんじ》に任命され、呉に対する方面軍司令官に就任しました。夏侯惇《かこうとん》の死後は、軍部の最高職である大将軍《だいしょうぐん》に就きましたが、呉の陳邵《ちんしょう》を襄陽《じょうよう》に撃破するなど、方面軍司令官としての活躍も続け、曹魏《そうぎ》の軍事行動を支え続けたのです。まさしく曹魏を支えた名将で、夏侯氏・曹氏のなかで最も軍事的成功をおさめた人です。その秘訣は、曹操の軍令を常に手元に置き、いちいち確認して、命令を遵守したことにありました。

『三国志演義』では引き立て役

ところが、曹操を悪玉として描く『三国志演義《さんごくしえんぎ》』では、名将であるが故に各地の戦いを転戦した曹仁は、新野《しんや》で徐庶《じょしょ》に「八門金鎖《はちもんきんさ》の陣」を破られたり、諸葛亮《しょかつりょう》に火攻めにされたりと、完全な引き立て役になっています。なかでも、徐庶に「八門金鎖の陣」を破られるくだりは、諸葛亮の陣立てとして有名な八陣が詳しく説明されています。掲げておきましょう。

徐庶は高所に登って観察すると、劉備に説明した。「これは『八門金鎖の陣』です。八門とは、休《きゅう》・生《せい》・傷《しょう》・杜《と》・景《けい》・死《し》・驚《きょう》・開《かい》を指します。生門《せいもん》・景門《けいもん》・開門《かいもん》から攻め込めば吉ですが、傷門《しょうもん》・驚門《きょうもん》・休門《きゅうもん》から攻め込めば傷つき、杜門《ともん》・死門《しもん》から攻め込めば滅亡します。いま八門の配置はきちんと整っておりますが、中央部に隙があります。ですから、東南の生門から突入し、西の景門から出れば、あの陣は必ず混乱します」。劉備は伝令を走らせ、兵士に陣の最前列を固めさせたうえで趙雲《ちょううん》に、「五百の軍勢を率いて敵陣の東南から突入し、そのまま西に出よ」と命じた。趙雲が東南から「八門金鎖の陣」に突入すると、生門から入られたことを知った曹仁は、ただちに北に向かって後退した。趙雲は追撃しようともせず、西の景門から飛び出したかと思うと、また方向を転換して東南に向かった。こうして曹仁の陣が崩れたところを劉備が攻めたてたので、曹仁軍は大敗を喫した。「八門金鎖の陣」は、徐庶に破られたのである。

曹仁の「八門金鎖の陣」、すなわちそれは諸葛亮の八卦《はっけ》の陣なのですが、それがどのように成立したのかを述べていきたいと思います。

☯八卦の陣

「三国志」の物語のなかで、諸葛亮の兵法は、最も興味を集めるものの一つです。一方演義では、諸葛亮は神算鬼謀《しんさんきぼう》の大軍師として様々な兵法《へいほう》を駆使しています。一方で、『三国志』を著《あらわ》した陳寿《ちんじゅ》は、「諸葛亮は臨機応変の戦術は、得意とはしなかった」と諸葛亮伝の評《ひょう》で述べています。しかし、『晋書《しんじょ》』に、「司馬昭《しばしょう》は、蜀の滅亡後、陳勰《ちんきょう》に諸葛亮の陣形・用兵・軍旗を使った軍隊の統制方法を継承させた」と記録されるように、諸葛亮の兵法は曹魏《そうぎ》から西晋《せいしん》へと受け継がれたといいます。このため、『三国志』諸葛亮伝の「兵法をおしひろめて、八陣の図をつくった」という簡単な記述から、諸葛亮の兵法は、様々な推測がなされてきたのです。

陳勰に伝わったはずの諸葛亮の兵法は、唐ではすでに失われていました。そのため、諸葛亮の八陣とは、方陣《ほうじん》・円陣《えんじん》・牝陣《ひんじん》・牡陣《ぼじん》・冲陣《ちゅうじん》・輪陣《りんじん》・浮沮陣《ふしょじん》・雁行陣《がんこうじん》という八種類の異なった陣形の総称だと思われていました（『文選《もんぜん》』注に引く『雑兵《ざつへい》書《しょ》』）。これに対して、唐の名将李靖《りせい》の著とされる『李衛公問対《りえいこうもんたい》』は、八陣とは八つの陣の総称ではなく、本来一つの陣が分かれて八となるものであるとしました。もっとも、現在では、出土した『孫臏兵法《そんぴんへいほう》』という新史料により、八陣とは、八つの陣でも一つの陣でもなく、布陣法という意味の軍事用語であることが分かっています。『三国志』諸葛亮伝の記録は、諸葛亮が深く布陣法を理解して、連弩兵《れんどへい》を設けるなどの創見があったことを、「八陣の図をつくった」という言葉で表現しているだけなのです。

しかし唐には、諸葛亮の布陣法も八陣の本来の意味も伝わっていなかったので、『李衛公問対』が説く八陣が、以後の理解の基本となりました。『李衛公問対』は、八陣を「井」の字型の方陣で、四正《しせい》（四方面の正兵）と四奇《しき》（四方面の奇兵）から成るとします。さらに八陣の起源を説明して、中国の伝説上の最初の支配者黄帝《こうてい》が定めたものとしたのです。

八陣が八卦《はっけ》の陣《じん》と呼ばれるのは、演義が、八陣の四正・四奇を『奇門遁甲《きもんとんこう》』の八《はち》門《もん》に配当したことによります。『奇門遁甲』とは、黄帝が九天玄女《きゅうてんげんにょ》から受けた天書《てんしょ》であり、周《しゅう》の太公望《たいこうぼう》・漢の張良《ちょうりょう》、そして諸葛亮が受け継いだものとされ、九宮《きゅうきゅう》を根本に置きます。九宮は、「洛書《らくしょ》」の九宮図に基づきますが、「洛書」とは、洛水《らくすい》に浮かび出た神亀《じんき》の背中に描かれていた図形のことです。

「洛書」の九数図《きゆうすうず》と呼ばれる図形は、縦・横・斜めの総和が十五になる魔方陣《まほうじん》で、『易緯乾鑿度《えきいけんさくど》』とその鄭玄《じようげん》の注にある太一九宮《たいいつきゆうきゆう》の法に基づきます。『奇門遁甲』では、魔方陣として表現される九宮の真ん中を五とし、四面の八方を八門にあてるのです。八門とは、休門《きゆうもん》・生門《せいもん》・傷門《しようもん》・杜門《ともん》・景門《けいもん》・死門《しもん》・驚門《きようもん》・開門《かいもん》であり、各門は、北・北東・東・南東・南・南西・西・北西という八つの方位に配当されます。さきに触れたように、八門は、休門・生門・景門・開門が吉であり、傷門・杜門・死門・驚門が凶ですが、演義はもう少し複雑に、生門・景門・開門から攻め込むと吉、傷門・驚門・休門から攻め込むと傷つき、杜門・死門から攻め込むと滅亡する、と設定しています。

諸葛亮のみが扱い得るはずの八卦の陣を、演義のなかで曹仁は布《し》いているのです。敵役の損な役回りのなかでも、曹仁が名将であったことを演義の作者たちは認識していたのではないでしょうか。

張遼《ちょうりょう》

対呉戦線の切り札

魏

張遼《ちょうりょう》

（一六五〜二二一年）

字《あざな》は文遠《ぶんえん》。雁門郡馬邑県《がんもんぐんばゆうけん》の人。丁原《ていげん》・董卓《とうたく》・呂布《りょふ》と主君を転々と替えたが、下邳《かひ》で曹操《そうそう》に降服する。勇猛でありながら沈着冷静で、反乱を企てた者が、夜中に火を放った際にも、落ち着いて騒ぎを鎮《しず》め、首謀者を斬った。魏呉激戦の地である合《ごう》肥《ひ》をよく守り、わずか八百の兵で十万の孫権《そんけん》軍を奇襲し、孫権を窮地に陥れた。演義《えんぎ》では、関羽《かんう》を降服させ、赤壁《せきへき》の敗戦で関羽に見逃してもらう。呉では張遼の名を聞くと、おびえて子どもの夜泣きがおさまったとする。

（『三国志』巻十七 張遼伝）

❻ 曹操の信頼を得る

張遼《ちょうりょう》は、字《あざな》を文遠《ぶんえん》といい雁門郡馬邑県《がんもんぐんばゆうけん》の人です。若いころ、雁門郡の官吏《かんり》となり、并州刺史《へいしゅうしし》の丁原《ていげん》に召しだされ、従事《じゅうじ》に任命されて洛陽《らくよう》に赴《おもむ》きました。呂布《りょふ》が丁原を殺害すると、董卓《とうたく》の配下となった後、呂布に従います。呂布が李傕《りかく》に敗れると、ともに徐州《じょしゅう》に逃げ、下邳城《かひじょう》で曹操《そうそう》が呂布を破ると、軍勢を率いて曹操に降服し、中郎将《ちゅうろうしょう》に任命されます。その後、たびたび戦功をあげ、裨将軍《ひしょうぐん》に昇進、夏侯《かこう》淵《えん》とともに昌豨《しょうき》を攻めた際には、利害を説きに単身敵陣に行き、これを帰服させました。しかし、曹操からは、「これは大将のやり方ではない」と批判され、謝罪しています。曹操が、ほかの陣営から迎え入れた人材を教育していることを見ることができます。

官渡《かんと》の戦いの後には、袁譚《えんたん》・袁尚《えんしょう》への討伐に従軍し、別動隊を指揮して海岸地帯を進撃、遼東《りょうとう》の柳毅《りゅうき》などを打ち破っています。曹操は、野戦将軍には一万以上の兵を与えることは少なく、曹氏・夏侯氏以外に別動隊の指揮をさせることもほとんどありませんでした。古参の武将でないにも拘《かかわ》らず、張遼に厚い信頼を寄せていることが分かります。その現れでしょう。張遼が遼東から帰還すると、曹操は自ら出迎えて、自分の車に乗せ、盪寇将軍《とうこうしょうぐん》に任命しました。この後も、荊州《けいしゅう》の江夏《こうか》攻略や、柳城《りゅうじょう》の袁尚征討の際に、烏桓《うがん》族の単于《ぜんう》（首長）である蹋頓《とうとん》を討つなどの軍功をあげています。

張遼の強さは、その冷静沈着な判断力と豪胆な決断力にあります。前者がよく窺《うかが》えるのは、長社《ちょうしゃ》での反乱への対応でしょう。反乱を企てた者は、夜中に火を放って騒いだのですが、張遼は落ち着いて、その人数の少なさを確認し、「反乱に加わっていない者は動くな」と騒ぎを鎮《しず》め、反乱の首謀者を斬っています。豪胆な決断力が見られるのは、合肥《ごうひ》をめぐる孫権《そんけん》との攻防戦です。

奇襲

赤壁《せきへき》の敗戦から四年、曹操は、水軍の調練をかさねて呉への報復の機会を窺っていました。建安《けんあん》十八（二一三）年、曹操は、濡須口《じゅしゅこう》まで南下、呉の軍勢に夜襲をかけますが、孫権に迎え討たれて大敗を喫します。曹操は、守りを固めながらも戦いを続行しますが、孫権の陣営には隙がなく、感嘆しながら兵を引きあげました。「息子を持つなら、孫権のような者がよい」と。

図四　濡須口《じゅしゅこう》・合肥《ごうひ》の戦い

<213年 濡須口の戦い>
孫権《そんけん》の拠点である濡須口を曹操《そうそう》が攻撃。

<215年 合肥の戦い>
曹操の拠点である合肥を孫権が攻撃。

曹操、孫権の両者ともが互いの拠点をめぐり戦いをくり返した。

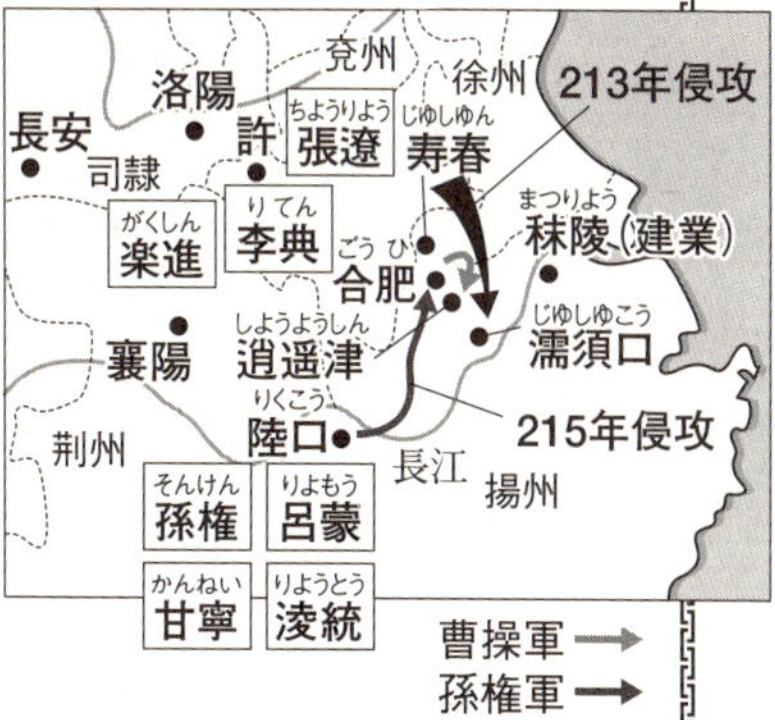

建安二十（二一五）年、曹操が漢中《かんちゅう》に出征すると、今度は孫権が十万の兵で合肥を攻撃します。さきにふれたように、呉に対する前線基地であった合肥には、張遼が、楽進《がくしん》・李典《りてん》とともに駐屯していました。合肥の守兵はわずか七千。しかし、曹操は孫権の行動を予想して、護軍《ごぐん》の薛悌《せってい》に、「張遼と李典は城を出て戦い、楽進は城を守れ。薛悌は戦ってはならぬ」という軍令を手渡していたのです。諸将がためらうなか張遼は、勇士八百人を募ると、陣頭に立って孫権の陣営に攻め込みます。いつもは張遼と仲がよくなかった李典も、「これは国家の大事である。

私怨《しえん》で公の道義を忘れることはしない」と言って、張遼に続きます。反撃されることなど予想もしていなかった孫権は、仰天して逃げまどい、小高い丘に遁走します。護衛の兵士もなす術《すべ》を知らず、張遼を寄せつけないように守るのが精一杯でした。張遼の豪胆な決断力が孫権の計画を狂わせたのです。

しかし、張遼たちの兵力は、七千人に過ぎません。張遼は、丘に上がった孫権に「降りてきて戦え」と怒鳴りましたが、孫権は張遼軍が意外にも少数であることに気づきました。そこで孫権は、バラバラになっていた兵を集結させて、張遼を幾重にも取り囲みます。張遼は、右に左にと押し寄せる敵を追い払い、囲みを解きましたが、まだ囲まれている兵士がいました。張遼は、再び包囲網を突き破り、残りの兵士を救い出して、合肥城の守備を固めたのです。張遼が自軍の兵を見捨てなかったことで、人々の心は落ち着き、孫権が十日間あまり取り囲んでも、合肥は陥落しませんでした。

孫権があきらめて退却すると、その帰り道、張遼はまたしても逍遥津《しょうようしん》に孫権を急襲します。逍遥津は、川の渡し場です。川を渡る際に、途中まで渡った敵軍を攻撃することは、兵法の基本として『孫子《そんし》』にも記されています。孫権がそれすら知らないはずはなく、兵力の差が大きかったので、油断していたのでしょう。張遼は、押し合いへし合いする孫権軍に突入して、片っ端から斬りまくり、孫権の将軍旗を奪いました。孫権の武将である甘寧《かんねい》・呂蒙《りよもう》たちの奮戦と、淩統《りようとう》の決死の突入によって、孫権はようやく逃れることができましたが、淩統の部下はみな討ち死にし、淩統自身も深手を負いました。

以後、孫権は張遼を恐れ、諸将に、「張遼とは戦うな」と念を押します。張遼は、こののちも呉との戦いの最前線に立ち続け、孫権の侵入を防ぎました。文帝曹丕《ぶんていそうひ》は、張遼が病にかかると、太医《たいい》を派遣し、かれを行在所《あんざいしよ》まで運ばせ、自らその手を取って御衣《ぎよい》を下賜し、天子と同じ食事を与えています。病が回復した張遼が任地に戻ると、孫権は「病んでいても敵は張遼だ。注意せよ」と命じています。その年、呉の呂範《りよはん》を破るなど、往年の力を見せつけますが、そのまま江都で卒《しゆつ》しました。

☯ 張遼が来た

『三国志演義《さんごくしえんぎ》』は、魏の武将のなかでは例外的に張遼をよく描いています。関羽と友情を育み、関羽が曹操に降服するときには使者となり、関羽が五関を強行突破した際にも、夏侯惇《かこうとん》を止めに行く役回りを演じています。赤壁での敗戦後、華容道《かようどう》で関羽に待ち伏せされたときには、以前の恩義で見逃してもらっています。また、史実でもさんざんな目に遭《あ》わせた呉の人々の張遼への恐怖は、呉では「遼来《りょうらい》遼来《りょうらい》（張遼が来た）」と言うと、怖くて子どもが泣き止んだ、と表現されているのです。

張郃《ちょうこう》

諸葛亮との攻防

魏

張《ちょう》郃《こう》

（？〜二三一年）

字《あざな》は儁乂《しゅんぎ》。河間郡鄚県《かかんぐんばくけん》の人。はじめ袁紹《えんしょう》に仕えたが、官渡《かんと》の戦いの際に、曹操《そうそう》に降服した。曹操は、「韓信《かんしん》が降服したようだ」と、項羽《こうう》を破った劉《りゅう》邦《ほう》の名将に準《なぞら》えて、張郃を評価した。その評に違《たが》わず各地で活躍し、街亭《がいてい》の戦いでは、馬謖《ばしょく》を撃破する。のち、北伐より撤退する諸葛亮《しょかつりょう》を追撃するよう司馬懿《しばい》に命ぜられ、反対したものの結局は追撃させられ、木門《ぼくもん》で戦死する。演義では、街亭で馬謖を討った主力は、司馬懿に代えられている。

（『三国志』巻十七 張郃伝）

⑥韓信に準えられる

張郃《ちょうこう》は、字《あざな》を儁乂《しゅんぎ》といい河間郡鄚県《かかんぐんばくけん》の人です。後漢《ごかん》末、募集に応じて黄巾《こうきん》を討伐し、軍の司馬《しば》となって韓馥《かんふく》に属します。韓馥が袁紹《えんしょう》に冀州《きしゅう》を譲ると、張郃は袁紹の校尉《こうい》となりました。のち公孫瓚《こうそんさん》との戦いで功績をあげ、寧国中郎将《ねいこくちゅうろうしょう》に昇進、官《かん》渡《と》の戦いでは、曹操《そうそう》に烏巣《うそう》の食糧貯蔵庫が襲われたとき、精鋭を率いて救援すべきことを進言しています。しかし、郭図《かくと》は官渡の本陣を突くべきと主張し、のみならず、張郃のことを讒言《ざんげん》しました。袁紹が郭図の策に従ったため、張郃は身の危険を感じて曹操に降服、官渡の戦いは曹操の大勝となりました。曹操は、張郃が帰順したことをたいへん喜び、「韓信《かんしん》が降服したようだ」と、項羽《こうう》を破った劉邦《りゅうほう》の名将に準《なぞら》えて張郃を評価し、偏将軍《へんしょうぐん》に任命します。

その評価に違《たが》わず、張郃は各地で活躍したのち、夏侯淵《かこうえん》とともに漢中《かんちゅう》の守りにつき、劉備《りゅうび》と対峙《たいじ》しました。漢中争奪戦のときにも、張郃は巴東郡《はとうぐん》・巴西郡《はせいぐん》を平定し、劉備の夜襲をものともせず、目を見張る活躍を見せています。呉が最も恐れた将軍が張遼《ちょうりょう》であるとすれば、蜀の宿敵は張郃なのです。漢中で夏侯淵を斬った際にも、劉備は、張郃を討ち漏らしたことをいたく悔やんでいます。そのため、夏侯淵に代わって漢中の総指令となり、各陣営を指揮しました。やがて、曹操が親征を行っても、漢中が奪えなかったため、張郃は陳倉《ちんそう》に帰って駐屯します。文帝《ぶんてい》（曹《そう》丕《ひ》）が即位した後は、左将軍《さしょうぐん》となり、曹真《そうしん》とともに安定郡《あんていぐん》の羌族《きょうぞく》を討伐しています。その後、対呉戦線の荊州《けいしゅう》に移動し、夏侯尚《かこうしょう》とともに江陵《こうりょう》を攻撃して、中洲にある砦を奪っています。明帝《めいてい》（曹叡《そうえい》）が即位すると、荊州の駐屯地より、司馬懿《しばい》とともに孫権《そんけん》の将軍 劉阿《りゅうあ》を破るなど、活躍を続けていました。

⑥諸葛亮に恐れられる

蜀漢《しょくかん》の建興《けんこう》五（二二七）年、南征を終えた諸葛亮《しょかつりょう》は、出師《すいし》の表《ひょう》を劉禅《りゅうぜん》に奉り、五万の兵を率いて漢中に駐屯します。本陣を置いた漢中と曹魏《そうぎ》の支配する関中《かんちゅう》平原との間には、三千メートルを超える秦嶺《しんれい》山脈が連なり、行く手を阻みます。山間を抜けて関中に達する道には、子午道《しごどう》・駱谷道《らくこくどう》・褒斜道《ほうやどう》・故道《こどう》・関山道《かんざんどう》・箕谷道《きこくどう》がありました。子午道は漢中と長安《ちょうあん》を結ぶ最短の道で、駱谷道はその西を並行して走ります。褒斜道は漢中から褒水《ほうすい》に沿って北に進み郿《び》へと至る道であり、褒斜道が関中平原にぬける所に五丈原《ごじょうげん》があります。故道は、散関《さんかん》を経て関中西辺の要衝である

図五　諸葛亮の北伐

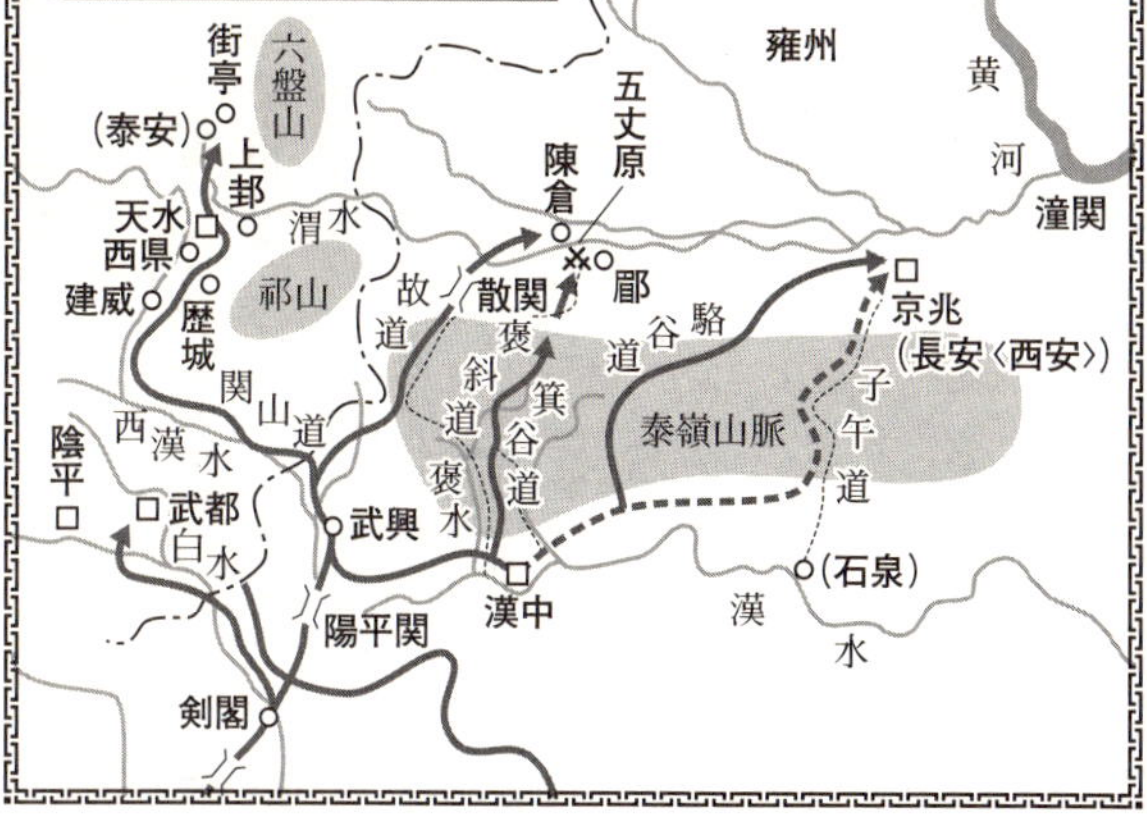

陳倉《ちんそう》へ通じ、関山道はさらに西方の天《てん》水郡《すいぐん》に抜ける比較的平坦な道でした。

諸葛亮の北伐は、開始前から追い詰められていました。益州《えきしゅう》と荊州の軍勢で曹魏を挟み撃ちにするという草廬対《そうろたい》（いわゆる「天下三分の計」）の構想が、すでに崩れていたからです。勇猛で知られる魏延《ぎえん》は、子午道《しごどう》を通って一挙に長安を落とす作戦を主張していました。しかし、この作戦は成功すれば成果は大きいのですが、挟撃される危険性もまた高いものです。諸葛亮は、大軍を動かすために最も安全な関山道を通って天水郡の攻略を目指し、趙雲《ちょううん》と鄧芝《とうし》には、褒斜道《ほうやどう》から郿《び》をうかがう陽動作戦を行わせました。この作戦は功を奏し、曹真が主力を郿に集めている隙に天水郡を占領、南安郡《なんあんぐん》・安定郡《あんていぐん》をも支配したのです。

曹魏の明帝《めいてい》は、自ら長安《ちょうあん》に出陣するとともに、対呉戦線にいた張郃《ちょうこう》を呼び返します。涼州刺史《りょうしゅうしし》が守る金城郡《きんじょうぐん》を攻めている蜀漢軍を背後から張郃に襲わせようというのです。曹真は、趙雲に備えていて動けません。蜀漢としては、金城郡を落とすまでの少しの間、張郃をくい止めていれば、涼州を支配することができます。そうなれば、背後を気にせず、張郃を迎え撃てるのです。

張郃の進撃を阻むこの重大な役目に、諸葛亮は愛弟子《まなでし》の馬謖《ばしょく》を起用します。勝利が必要なのではなく、時間を稼ぎたいだけなので、諸葛亮は、「決して山の上に陣取ってはいけない」と馬謖に注意をして出陣させました。ところが馬謖は勝利を求めて命令を無視し、山上に陣を布《し》いたのです。名将の張郃は、馬謖が山上に陣を布いているので、何の迷いもなく水を汲む通路を断ちきり、焦って山を下ってきた馬謖を散々に破りました。さらに、諸葛亮に呼応した南安・天水・安定の諸郡を平定して、第一次北伐を失敗に終わらせたのです。

お粗末な脚色

建興《けんこう》九（二三一）年、諸葛亮は第四次北伐を行いました。関山道を通り祁山《きざん》を包囲したのです。諸葛亮は、この戦いで初めて宿敵の司馬懿《しばい》と直接対決することになり、魏の主力軍を散々に打ち破りました。しかし、李厳《りげん》の怠慢により兵糧が続かず、またもや撤退することになります。司馬懿は、諸葛亮を追撃するよう張郃に命じました。諸葛亮は敗れて撤退したわけではありませんので、張郃は反対します。しかし、司馬懿が許さなかったため、仕方なく進撃して諸葛亮の伏兵に遭い、木門《ぼくもん》で戦死したのです。張郃の軍事能力は、味方であるはずの司馬懿に警戒されるほど、卓絶したものであったといえるでしょう。

『三国志演義《さんごくしえんぎ》』は、張郃の追撃に対して、次のような伝説をつけ加えています。東《とう》晋《しん》の袁希之《えんきし》が著《あらわ》した『漢表傳《かんひょうでん》』に残る、諸葛亮伝説です。

夏六月、諸葛亮は兵糧が尽きて軍隊を引き上げ、青封《せいほう》の木門に至った。張郃はこれを追撃した。亮は軍隊を留めて大木の皮を削って、そこに「張郃は此の樹の下で死ぬ」と書いた。その後、前もってその道の両側に兵を伏せ、数千の強《きょう》弩《ど》を持たせて張郃を討ち殺そうとした。張郃は思いどおりにその木の文字を見た。そこで千の弩《ど》が一斉に矢を発し、張郃を射殺した。

諸葛亮が張郃を伏兵により殺害したことは『三国志』に見えますが、こうした記述はありません。これは、『史記』巻六十五　孫臏《そんひん》伝に見える孫臏（孫子）が龐涓《ほうけん》を削った木の下に射殺した故事の剽窃《ひょうせつ》なのです。諸葛亮伝説は、まずは他の人々の故事を典拠として、それをあたかも亮が行ったかのように描くことから形成され始めます。張郃が、お粗末な脚色で最期を記述されることは、蜀漢を苦しめ続けた名将への演義の復讐なのでしょうか。

典《てん》韋《い》・許《きょ》褚《ちょ》

曹操を守る

魏

典《てん》韋《い》

（？〜一九七年）

陳留郡己吾県《ちんりゅうぐんきごけん》の人。夏侯惇《かこうとん》に従い、戦功を立てたのち、司馬《しば》となる。呂布《りょふ》との戦いでは、手戟《しゅげき》を投げ敵を圧倒。都尉《とい》となって曹操《そうそう》の側近となり、親衛隊を率いる。張繡《ちょうしゅう》に背かれた曹操を守って壮絶な最期を遂げた。

（『三国志』巻十八 典韋伝）

許《きょ》褚《ちょ》

（？〜？）

沛国譙県《はいこくしょうけん》の人。曹操に帰順すると、劉邦《りゅうほう》の猛将樊噲《はんかい》に準《なぞら》えられた。典韋の死後、曹操の親衛隊を率い、徐他《じょた》による暗殺計画を阻止した。曹操が亡くなると号泣して血を吐いたという。

（『三国志』巻十八 許褚伝）

⑤立ち往生を遂げる

典韋《てんい》は、陳留郡己吾県《ちんりゅうぐんきごけん》の人です。容貌は立派で、腕力は人並み以上に優れ、固い節義と俠気の持ち主でした。初平《しょへい》年間（一九〇〜一九三年）に張邈《ちょうばく》が義兵をあげると、典韋は兵士となって従いましたが、そのとき牙門《がもん》（大将の軍門）の旗は大きく、誰にも持ち上げられませんでした。それを典韋は、片手で軽々と持ち上げたといいます。やがて夏侯惇《かこうとん》に従い、たびたび戦功を立てて司馬《しば》となりました。曹操《そうそう》が濮陽《ぼくよう》で呂布《りょふ》と戦った際には、敵陣を陥れる部隊に志願し、数十人を率いて大暴れをします。このとき典韋は、数十本の手戟《しゅげき》を手にして、五歩手前まで敵が近づいたら知らせるように命じ、敵に投げると百発百中であったといいます。

これらの功績により都尉《とい》に任命され、曹操の側近となり、親衛隊数百人を従えて、曹操を警護しました。その率いる兵も精鋭であったため、戦闘のたびに先鋒として戦い、敵陣を落として校尉《こうい》に昇進しました。典韋を称《たた》える軍中語《ぐんちゅうご》も残っています。「帳下《ちょうか》（親衛隊）の壮士に典君あり。八十斤《きん》（約十八キログラム）の双戟《そうげき》を軽々とあやつる」と。軍中の兵士たちは、典韋の並外れた力の強さを韻文調の言葉で称賛したのです。

やがて、張繡《ちょうしゅう》が降服すると、曹操は、張繡やその部将に自ら酒を注《つ》いで回るほど歓待をしました。その際、典韋は刃渡り一尺（約二十三センチメートル）ほどの斧《おの》を持って後ろに立ち、曹操が酒を注ぐ際、必ず斧をあげてその者を見つめていました。敢えて目をあげて典韋を見返す勇気のある者は、一人もいなかったといいます。十数日後に張繡が背いて、曹操の陣営に攻撃を仕掛けてきました。曹操は敗れ、軽装の騎馬で脱出します。それを守るため、典韋が門内に残って戦ったので、敵はそこから侵入できませんでした。残った部下数十人も、一人で十人を相手に奮戦し、やがて戦死していきます。典韋は、数十ヵ所の傷を負いながら、二人の敵を両脇に挟んで撃ち殺しましたが、傷が重く、口を開き目を怒らせ、やがて大声で敵を罵倒しながら、壮絶な立ち往生を遂げました。曹操は、典韋の死を聞くと涙を流し、志願者を募って遺体を奪還させ、自ら告別式に臨んで大いに泣きました。

この戦いでは、曹操の長男の曹昂《そうこう》、弟の子曹安民《そうあんみん》も戦死しています。そうしたなか、曹操は、この場所を通るたびに、かれら肉親ではなく典韋を祀《まつ》り、その功績を称《たた》え続けたといいます。

☯胸騒ぎで暗殺を防ぐ

許褚《きょちょ》は、曹操と同郷の沛国譙県《はいこくしょうけん》の人です。身長八尺あまり（約百八十四センチメートル）、腰回りが十囲《い》（約百十五センチメートル）もあり、容貌は雄々しく、武勇は人並み外れていました。後漢《ごかん》末には、一族郎党を率いて塢《う》（砦）を築き、賊の侵入を防いでいました。あるとき、賊と和睦して牛と食糧を交換しましたが、牛が逃げ戻ってきてしまったので、牛の尾をつかんで百歩《ほ》あまり（約百四十メートル）を引きずりました。これを見た賊は驚いて逃走したといいます。

曹操に帰順すると、曹操は、「わしの樊噲《はんかい》である」と、劉邦《りゅうほう》の配下の猛将に準《なぞら》え、帰順を喜びました。張繍《ちょうしゅう》征討の際には先陣となり、校尉《こうい》に昇進します。官渡《かんと》の戦いの際には、許褚が休暇をとって外出するときを狙い、徐他《じょた》たちが曹操暗殺を企てていました。許褚は、宿舎まで戻ると胸騒ぎがして、すぐさま引き返します。刀を懐《ふところ》にしのばせ帳《とばり》のなかに入っていた徐他は、許褚を見て愕然《がくぜん》とし、その態度で企みに気づいた許褚は、即座にかれらを殺しました。

その後、馬超《ばちょう》・韓遂《かんすい》と戦った際には、馬超来襲の報《しらせ》に曹操を助けて船に乗せ、雨のように降り注ぐ矢を左手で馬の鞍《くら》を掲げて防ぎ、右手で櫓《ろ》を漕いで船を操り、黄河を渡りきりました。やがて、馬超・韓遂と単身で会見することになった曹操は、その場に許褚だけを連れて赴《おもむ》きます。馬超は、その場で曹操を殺すつもりでしたが、かねてから許褚の名を聞いていたので、「虎侯《ここう》（許褚）という臣下はどこにいるのか」と曹操に尋ねます。曹操が振り返って指さすと、許褚は目をいからせて馬超を睨《にら》みつけており、馬超は曹操を襲うことができませんでした。数日後、両者の間で戦いが行われ、許褚は馬超を破った功績により、武衛中郎将《ぶえいちゅうろうしょう》に昇進します。

また、許褚は、法律を遵守し、質朴で重々しく、口数は少ない人柄でした。曹仁《そうじん》が荊州《けいしゅう》から来朝したとき、かれと語り合おうとしましたが、これを拒否します。咎める者に許褚は、「曹仁さまは親族の重臣ですが、外の諸侯です。わたしは朝廷の一臣下ですから、大勢で話をすれば十分であり、どうして個人的に付き合う必要があるでしょうか」と答えています。

これを聞いた曹操は、ますます許褚を信頼しました。親衛隊長は、あくまで曹操個人の臣下として曹操を守るべきもので、たとえ曹操の信頼厚い曹仁であっても、個人的に親しくしてはならないのです。

こうして許褚は、曹操の信頼を裏切ることなく、曹操の傍らに侍《はべ》り続けました。

やがて曹操が卒《しゅっ》すると、号泣して血を吐いたといいます。のち、文帝曹丕《ぶんていそうひ》に仕えて武衛将軍《ぶえいしょうぐん》に昇進し、明帝曹叡《めいていそうえい》のときに牟郷侯《ぼうきょうこう》に封建された後、死去しました。

悪来と虎痴

曹操の親衛隊長を務めた典韋と許褚は、ともに使命を全《まっと》うしたといえるでしょう。『三国志演義』では、曹操に「悪来《あくらい》（殷《いん》の紂《ちゅう》王の強力《ごうりき》な臣下）の再来」と評された典韋と、普段は無口で「虎痴《こち》（普段は無口だが戦うときには虎となる、虎痴との評価は『三国志』にも記載されます）」と恐れられた許褚は、常に曹操の側に侍り、威儀を正していました。

かれらが率いる選《え》りすぐりの精鋭部隊は、戦闘の際には先陣を争うこともありました。しかし、かれらは全神経を曹操の守護に集中していました。典韋は、曹操の側を片時も離れず、寝所に戻ることは稀《まれ》であったといいます。許褚は、珍しく宿舎に帰った途端に、胸騒ぎがして引き返し、許褚のいない僅《わず》かな隙に曹操暗殺を謀った徐他《じょた》をうち殺しました。

曹操を守るために立ち往生を遂げた典韋ですが、その結果として曹操を救うことができたのですから、使命を全うした生涯であるといえるでしょう。許褚は曹操の死去までその側《そば》に仕え、主君の死に血を吐いて悲しみに暮れました。かれもまた、その使命を全うした生涯を送ったと考えてよいでしょう。

第三章

漢を受け継ぐ

劉備を支えた武将たち

蜀

- 劉備《りゅうび》
- 劉禅《りゅうぜん》
- 関羽《かんう》
- 張飛《ちょうひ》
- 趙雲《ちょううん》
- 馬超《ばちょう》
- 魏延《ぎえん》
- 姜維《きょうい》

傭兵隊長の人徳
相父への信頼を貫く
神になった英雄
長坂坡の雄叫び
阿斗を胸に
曹操との死闘
たたき上げの武将
丞相の遺志を継ぐ

劉備《りゅうび》

傭兵隊長の人徳

蜀

劉備《りゅうび》

（一六一～二二三年）

字《あざな》は玄徳《げんとく》。涿郡《たくぐん》の人。前漢景帝《けいてい》の子、中山靖王《ちゅうざんせいおう》劉勝《りゅうしょう》の後裔とされるが、草鞋《わらじ》を売って生計をたてていた。関羽《かんう》・張飛《ちょうひ》を従え、長い間傭兵集団として各地を放浪する。荊州《けいしゅう》で諸葛亮《しょかつりょう》に三顧《さんこ》の礼《れい》を尽くし、名士を集団に加え荊州に根拠地を得、さらに益州《えきしゅう》を取って蜀漢《しょくかん》を建国した。しかし、関羽の復讐のため呉に攻め込み、夷陵《いりょう》の戦いに大敗。劉禅《りゅうぜん》を諸葛亮に託して、白帝城《はくていじょう》で病没する。演義《えんぎ》では、聖人君子で、よく泣き、「泣いて天下を取った」と称される。

（『三国志』巻三十二 先主伝）

☯ 蓆売り

劉備《りゅうび》は、字《あざな》を玄徳《げんとく》といい涿郡《たくぐん》の人で、前漢《ぜんかん》の景帝《けいてい》の子、中山靖王劉勝《ちゅうざんせいおうりゅうしょう》の後裔とされています。しかし、漢の一族とは称するものの、劉備は、草鞋《わらじ》を編み、蓆《むしろ》を売って暮らす社会の下層階級の出身です。『資治通鑑《しじつがん》』という歴史書を著《あらわ》した北宋《ほくそう》の司《し》馬光《ばこう》は、劉備が漢の一族であることを疑い、蜀漢《しょくかん》を漢の正統を受け継ぐ国家とは認めませんでした。たしかに、劉備には、豪族的な一族の繋《つな》がりを見ることはできません。後漢末の大儒盧植《ろしょく》に学んだ際に、一族の援助を受けたことは記録されていますが、起兵以降、その一族の力を利用できた形跡はありません。

これは、一族の曹仁《そうじん》・曹洪《そうこう》、宗族の夏侯惇《かこうとん》・夏侯淵《かこうえん》を方面軍司令官として起用できた曹操《そうそう》や、挙兵の際すでに孫賁《そんふん》や呉景《ごけい》といった一族・宗族がそれなりの勢力を有していた孫策《そんさく》と比べた場合に、圧倒的に不利な条件です。劉備は裸一貫から武力でのし上がった英雄なのです。家柄も経済力もなかった劉備は、関羽《かんう》・張飛《ちょうひ》・趙雲《ちょううん》などを率い、その卓越した武力により台頭していきました。

劉備の臣下のうち、曹仁のように方面軍を任されて単独行動をした者は、やがて荊州《けいしゅう》を任される関羽です。関・張と並称される関羽・張飛と劉備との関係は、「寝るときには寝台をともにし、恩愛は兄弟のようであった」と表現されています。『三《さん》国志演義《ごくしえんぎ》』では、この関係を「桃園結義《とうえんけつぎ》」という義兄弟の契《ちぎ》りを結ぶ場面として演出しています。史実としても、公的には君臣関係でありながら、私的には兄弟のようである、という関係を劉備と関羽・張飛とは結んでいたのです。

また、劉備と趙雲との間にも、「寝台をともにして眠った」という、関・張と同質の関係があったことが記録されています。かれらを代表とするように、劉備が荊州で諸葛亮《しょかつりょう》を迎える以前から従っていた臣下と劉備との間には、「義兄弟」という表現を可能にするほど強力な任俠《にんきょう》精神による結びつきを見ることができるのです。もちろん戦乱期の集団が、こうした関係を持つことは珍しくなく、曹操・孫氏の集団のなかにも、それを見出すことはできます。しかし、君臣の間が「兄弟」という言葉によって表現されるほどの結合は、珍しいものです。これは、集団の核となるべき族的結合力を欠く劉備が、それを関羽や張飛に求めた結果であると考えられるでしょう。

なお、劉備が挙兵した際に、中山の馬商人である張世平《ちょうせいへい》と蘇双《そそう》は大金を出して、劉備に兵を集めさせています。かれらは、涿郡《たくぐん》に馬の売買に来ており、涿郡出身の劉備と張飛は、その用心棒であったのでしょうか。また、関羽の出身地である解県《かいけん》は、解池《かいち》という池がある中国で最も大量の塩の産地なのです。明《みん》代になると、塩商人である山西商人は、塩池の神として関羽を祀《まつ》り、それを全国に広げて関帝《かんてい》信仰を根付かせていきます。関羽もまた、塩商人の用心棒であったと考えてもよいでしょう。陶謙《とうけん》の死後、劉備を徐州《じょしゅう》に迎えた麋竺《びじく》もまた、この時代を代表する大商人でした。初期の劉備集団は、商業系の用心棒集団が傭兵集団へと変わったものと捉えることもできるでしょう。

❻傭兵集団

演義の泣いてばかりいるイメージとは異なりますが、劉備個人の戦闘能力が高く、戦術も優れていたからこそ、劉備は、公孫瓚《こうそんさん》→呂布《りょふ》→陶謙→袁紹《えんしょう》→曹操→劉表《りゅうひょう》と、群雄の間を傭兵集団として渡り歩くことができたのです。しかし、戦闘能力の高さの割には、いつも負けている印象を受けます。それは、劉備が拠点を確保するための名士《めいし》を陣営に持たなかったため、占領地域の支配が安定せずに、折角取った根拠地を失ってしまうためです。諸葛亮を迎えてからの劉備集団が強力となるのは、まさにこの弱点を諸葛亮が補ったためで、劉備の軍隊指揮能力は、曹操が「今の世の英雄は、君と私だけだ」と言うだけのものがあったのです。

かれらと名士との関係は、「張飛はかつて劉巴《りゅうは》の家に遊びに行ったが、劉巴は張飛と話もしなかった。張飛はついに怒ってしまった。そこで、諸葛亮は劉巴に次のように言った。『張飛は武人ではありますが、あなたを敬愛しているのです。あなたが、高い志《こころざし》をお持ちのことは分かりますが、どうかもう少し下の者にも優しくしてあげてください』と。劉巴は答えた。『立派な人物が世の中で生きる理由は、天下の英雄（ここでは武力的なそれではなく、名声の高い名士という意味）と交際するためである。どうして、兵隊野郎（原文は「兵子」）とともに語ることなどできようか』と」と記録される、張飛に対する劉巴の態度に典型的に現れています。劉巴のような名士にとって、張飛などは「兵子」に過ぎず、ともに語るに足る存在ではなかったのです。劉備たちの社会的階層の低さが分かるでしょう。

しかし、劉備は、公孫瓚《こうそんさん》のように名士を受け入れない態度を示したわけではありません。むしろ、高名な名士の孔融《こうゆう》（孔子の二十世孫）が、劉備に助けを求めると、「孔融ほどの名士が天下に劉備があることを知っていてくれたのか」と喜び、すぐさま救援に赴《おもむ》いたように、名士を尊重し、名士間に名を売ろうとしていました。したがって、一時的に豫州《よしゅう》・徐州《じょしゅう》を得ると、陳羣《ちんぐん》・陳登《ちんとう》という当時を代表する名士を辟召《へきしょう》（部下として召し出すこと）して、尊重しています。しかし、かれらは、劉備がそれらの州を失うと随従せず、名士が集団に留まり続けることはありませんでした。しかも陳登は、劉備を「雄姿は傑出しており、王者・覇者の才略がある」と高く評価していながら、随従はしないのです。つまり、名士が出身地を捨ててまで随従する魅力や将来性が、劉備とその集団には欠けていたのです。また、陳羣の献策に劉備が従わなかったように、関羽・張飛を差し置いてまで、名士の進言に従い得る集団でもありませんでした。

こうして名士は集団に留まることなく、劉備は一時的に支配地を得ても保有することができず、傭兵集団として、劉表《りゅうひょう》を頼ることになるのです。

❸ 三顧の礼

劉備は、劉表の客将となると、司馬徽《しばき》より名士を迎える必要性を説かれました。当時、例外的に平和を保っていた荊州では、司馬徽と宋忠《そうちゅう》を中心に「荊州学《けいしゅうがく》」という儒教の新学派が形成され、実践的に世の中を救おうとする諸葛亮・龐統《ほうとう》らが高い評価を得ていたのです。劉備は、この集団に着目しました。

司馬徽を中心とする襄陽《じょうよう》の名士グループ（以下、襄陽グループと略称）は、乱世を平定しようとする志のない劉表を評価せず、一線を画していました。漢室復興の大義名分と強力な武将を持つにも拘《かかわ》らず、名士を持たない劉備集団は、かれらにとっても、魅力的な存在でした。劉備に最初に接近した者は徐庶《じょしょ》です。豪族出身ではない徐庶は、劉備たちと社会階層があまり離れていません。腹を割って話すことができたのでしょう。徐庶を迎えたのち、劉備は自ら諸葛亮を訪ねることにします。

当初、劉備は三顧《さんこ》の礼《れい》を尽くすつもりはなく、徐庶に命じて諸葛亮を呼びつけようとしました。襄陽グループで「臥龍《がりょう》・鳳雛《ほうすう》」と並称される諸葛亮・龐統を自分の臣下とすることができれば、名士を取り込むことができます。そこに、徐庶が諸葛亮を勧めたため、劉備は諸葛亮を呼びつけ、襄陽グループに劉備を認めさせ、優位に立とうとしたのでしょう。ところが、徐庶はそれをたしなめ、劉備自ら諸葛亮を三たび訪れさせました。関羽・張飛を中心とする傭兵集団から、諸葛亮ら名士を中心とする集団へと、大きく集団の方向性を展開することを内外に宣伝するためです。むろん、関羽・張飛は不満でした。劉備は、「私に諸葛亮が必要なのは、あたかも魚に水が必要なようなものだ（「水魚《すいぎょ》の交わり」という言葉の語源）。お願いだから諸君は文句を言わないでほしい」と言い、集団の変容を関羽・張飛に認めさせます。こうして劉備は、名士を中核とした政権を形成していくのです。

劉備が諸葛亮に求めたことは、第一に、集団の基本方針（グランドデザイン）の提示です。孫権《そんけん》と結び、荊州《けいしゅう》と益州《えきしゅう》を領有して、一時的に三国を鼎立《ていりつ》させ、荊州から洛陽《らくよう》を益州から長安《ちょうあん》を攻め、曹操を滅ぼすという「草廬対《そうろたい》（いわゆる「天下三分の計」）」は、劉備集団の基本方針を指し示すものでした。何のために、どう戦うのか、それを明らかにしたのです。結果としては、曹操を滅ぼして天下を統一することができなかったので、「天下三分の計」といわれることが多いのですが、三分はあくまでも過程で、中国を統一し、漢を復興することを諸葛亮は劉備集団の目的として掲げたのです。第二は、荊州名士を集団に参加させることです。劉備が客将のときには表立った動きを見せなかった諸葛亮ですが、曹操の南下により劉表政権が崩壊すると、襄陽グループや婚姻関係を利用して、多くの荊州名士を集団へ取り込みました。その結果、赤壁《せきへき》の戦いに参加していないにも拘らず、荊州南部の支配を安定させることができたのです。第三に、諸葛亮が持つ外交・内政能力も、劉備に必要不可欠なものでした。赤壁の戦いにおける孫権との同盟も、その後の荊州南部の統治も、諸葛亮の力量に負うところが多く、荊州名士間で名声の高かった諸葛亮の存在は、荊州名士の規制力を劉備政権の統治の支柱となすことに重要な役割を果たしました。

こうして劉備は、三顧の礼による諸葛亮の招聘《しょうへい》、それを契機とする荊州名士の集団への加入により、集団を、任侠的な結合関係で劉備と結びついた傭兵集団から、諸葛亮ら名士を中核とする集団へと、質的に変容させました。これによって劉備は、挙兵以来、初めて荊州を根拠地として保有し、ついには蜀漢《しょくかん》政権を樹立するのです。

❻関羽の仇討ち

荊州南部を拠点として益州に攻め込んだ劉備は、東州兵《とうしゅうへい》の抵抗に手を焼きながらも益州を支配し、さらに曹操を破って漢中《かんちゅう》を切り取りました。曹操が死去して、曹丕《そうひ》が漢を滅ぼし魏を建国すると、それを認めないために漢（蜀漢、季漢《きかん》〈季は末っ子という意味〉）を建国、漢を復興するという志《こころざし》を実現します。しかし、それ以前に、荊州を守っていた関羽は、劉備に呼応して曹操に攻め込み、呉の裏切りによって挟撃されて、呂蒙《りょもう》に敗れていました。そのため劉備は、志を実現しても鬱々《うつうつ》として楽しみません。

ついに劉備は、関羽の仇《あだ》討ちのため、諸葛亮の基本方針に背いて呉に攻め込みます。このときの劉備は、いままで被《かぶ》せられていた聖人君子の仮面を脱ぎさり、誰の制止も聞かず、関羽の仇討ちに向かって一直線に行動します。傭兵隊長だったころの力強い劉備の姿をここに見ることができるのです。『三国志演義』では、趙雲《ちょううん》のほか諸葛亮も劉備の東征を止めています。が、『三国志』には、諸葛亮が東征に反対した記録はありません。実は、諸葛亮も劉備の軍事能力を高く評価していたのです。後世の軍師のイメージからは意外かも知れませんが、諸葛亮は劉備の生前、軍の指揮をしたことはありません。劉備の軍事能力を信頼していたからこそ、諸葛亮は反対しなかったのでしょう。

しかし、それだけではありません。趙雲が反対したように、蜀漢の不倶戴天《ふぐたいてん》の敵は曹魏であって、関羽の仇討ちは劉備の個人的な感情の暴走に過ぎません。一国の皇帝たる者が、臣下の戦死を理由に、自ら軍を率いて本来の敵国ではない呉に攻め込むことなど、政治的判断からすれば正しくないことを、諸葛亮は百も承知でいたはずです。でも、諸葛亮は東征を止めませんでした。止められなかったのでしょう。義弟のために仇討ちをすることは、劉備の生きざまの「すべて」だったからです。関羽・張飛は挙兵以来、命と引き換えに劉備を守ってきました。かれらの強い結びつきに諸葛亮は、入っていけなかったのです。

結局、劉備は夷陵《いりょう》の戦いで呉の陸遜《りくそん》に敗退して、白帝城《はくていじょう》でその生涯を閉じます。息子の劉禅《りゅうぜん》が心配なためでしょう。諸葛亮を警戒する遺言を残していますが、自分の生涯には満足していたのではないでしょうか。関羽・張飛とともに戦いを始め、関羽、そして関羽の仇討ちの前に殺された張飛のために戦って死んでいく。劉備の戦い続けた生涯を閉じるに相応《ふさわ》しい死にざまだと思います。

劉禅《りゅうぜん》

相父への信頼を貫く

蜀

劉禅《りゅうぜん》

（二〇七〜二七一年）

字《あざな》は公嗣《こうし》。劉備《りゅうび》の長男で、幼名は阿斗《あと》。蜀漢《しょくかん》の第二代皇帝。荊州《けいしゅう》で劉備が曹操《そうそう》に敗れた際には趙雲《ちょううん》に救われ、九死に一生を得た。即位後は諸葛亮《しょかつりょう》に全権を委任し、三国《さんごく》時代の君主のなかで、最も長い四十年の在位期間を過ごした。しかし、亮の死後は宦官《かんがん》の黄皓《こうこう》を寵愛《ちょうあい》して国政を乱し、姜維《きょうい》が剣閣《けんかく》で必死に鍾会《しょうかい》と戦っている最中、陰平《いんぺい》より侵攻した鄧艾《とうがい》に驚いて降服した。そののち、西晋《せいしん》で安楽侯《あんらくこう》に封建された。

（『三国志』巻三十三 後主伝）

君自ら取るべし

劉禅《りゅうぜん》は、字《あざな》を公嗣《こうし》といい劉備《りゅうび》の長男で、幼名を阿斗《あと》という蜀漢《しょくかん》の第二代皇帝です。生母は甘夫人《かんふじん》です。荊州《けいしゅう》で劉備が曹操《そうそう》に敗れた際には、趙雲《ちょううん》に救われ、九死に一生を得ました。『三国志演義《さんごくしえんぎ》』では、明《みん》代の家族制度を反映して、妾《めかけ》の甘夫人が生んだ劉禅は、正妻の糜夫人《びふじん》の子とされ、糜夫人が趙雲の足手まといにならないよう、井戸に身を投げるという設定になっています。建安《けんあん》二十四（二一九）年、劉禅は、劉備が漢中王《かんちゅうおう》となると王太子になり、章武《しょうぶ》元（二二一）年、劉備が皇帝に就任すると皇太子になっています。

関羽の仇討ちのため孫呉に攻め込んだ劉備は、夷陵《いりょう》の戦いで陸遜《りくそん》に敗れ、白帝《はくてい》城《じょう》で死の床に就きます。劉備は、成都《せいと》から諸葛亮《しょかつりょう》を呼び、後嗣《こうし》の劉禅を託しました。「劉禅に才能があれば補佐してほしい。もしなければ、君が代わって君主になってくれ」と。陳寿《ちんじゅ》の『三国志』諸葛亮伝は、この言葉に君臣の信頼関係を象徴させ、この後の諸葛亮の一生は、劉禅を託された信頼に応える忠《ちゅう》で貫かれていたと強調しています。しかし、明末の王夫之《おうふうし》は、劉備の遺言を、出してはいけない「乱命」であるとし、「この遺言から、劉備が諸葛亮を、関羽のように全面的には信頼していないことが分かる」と述べています。

たしかに、誰の目にも劉禅に皇帝としての才能がないことは明らかでした。かといって、劉禅に代わって君主になる、ということは、諸葛亮の目指してきた漢の復興を自ら潰すことになります。あるとき、李厳《りげん》が諸葛亮に「そろそろ九錫《きゆうせき》を受けたらどうか」と勧めています。諸葛亮は笑ってごまかすしかありませんでした。劉禅に代わることは、劉備の命令なのです。かといって、命令に従えば、漢の復興という志《こころざし》を捨てることになります。こうした守れない命令を「乱命」と呼ぶのです。

陳寿が強調する忠のベールを剝《は》がしていくと、劉備と諸葛亮の間の緊張関係が見えてきます。諸葛亮たち名士の抱負は、自分たちが政権の中心となり、新たなる理想の国家を建設することにありました。そのためには、君主と争ってでも政策を推進していきます。具体的には、劉備に嫌われていた劉巴《りゆうは》の任用をめぐり、劉備と諸葛亮とはせめぎ合っていました。劉巴の才能を評価する諸葛亮は、いやがる劉備を押し切り、行政長官である尚書令《しようしよれい》に任命させます。尚書令は、かつて劉備が諸葛亮とそりの合わない法正《ほうせい》を据えて、諸葛亮の勢力を牽制させていた官職でした。遺言は、こうした両者の関係のなかで生じたせめぎ合いの結果出された「乱命」と捉えるべきでしょう。関羽・張飛および挙兵以来の兵を失った劉備には、諸葛亮が即位できないように釘《くぎ》を刺すことでしか、劉禅の未来を守ってやれなかったのです。

出師の表

劉備に疑われたことは、諸葛亮には心外であったに違いありません。乱命を無視して、劉禅を全力で補佐し、国是である曹魏への北伐に向かいます。その際に、劉禅に捧げたものが出師《すいし》の表《ひょう》です。「これを読んで泣かない者は不忠である」といわれ、日本でも読み継がれてきた千古の名文です。あえて、漢文の訓読で掲げてみましょう。

先帝（劉備）創業未《いま》だ半ばならずして中道に崩殂《ほうそ》せり。今天下三分し、益州《えきしゅう》疲弊せり、此れ誠に危急存亡の秋《とき》なり。……臣（諸葛亮）は本布衣《ふい》、躬《みずか》ら南陽《なんよう》に耕し、苟《いやしく》も性命を乱世に全うし、聞達《ぶんたつ》を諸侯に求めず。先帝、臣の卑鄙《ひひ》なるを以てせず、猥《みだ》りに自ら枉屈《おうくつ》し、三たび臣を草廬《そうろ》の中に顧み、臣に諮《はか》るに当世の事を以てす。是に由《よ》り感激し、遂に先帝に許すに驅馳《くち》を以てす。……今南方已《すで》に定まり、兵甲已に足れば、当《まさ》に三軍を奨率《しょうそつ》し、北のかた中原《ちゅうげん》を定むべし。庶《ねが》はくは駑鈍《どどん》を竭《つく》し、姦凶《かんきょう》を攘《はら》ひ除き、漢室を興復し、旧都に還《かえ》さん。此れ臣が先帝に報ひて、陛下に忠なる所以《ゆえん》の職分なり。……臣恩を受くるの感激に勝《た》へず。今遠く離るるに当り、表に臨みて涕零《なみだお》ち、言ふ所を知らず。

出師《すいし》の表《ひょう》は、蜀漢の危機的現状の認識から始まります。「益州疲弊せり」と。続いて諸葛亮は、自らの一生を振り返ります。南陽（襄陽《じょうよう》）で暮らしていた自分は、先帝劉備から三顧の礼を受け、君臣水魚《すいぎょ》の交わりを結んで蜀漢を樹立した。南方はすでに定まり、いまこそ中原を回復し、漢室を復興するときである。これが、先帝劉備の恩を受けた自分が、陛下劉禅に忠を尽くすための責務なのだと。文章には諸葛亮の忠がほとばしっています。

このほか、もう一つの出師の表が、『三国志』の注に残されています。「後出師《こうすいし》の表」です。後出師の表は、古来、真偽の議論がやかましく行われてきました。第一に、孫呉の大鴻臚《だいこうろ》である張儼《ちょうげん》の『默記《もくき》』にのみ伝えられたこと、第二に「表」中の趙雲《ちょううん》の死亡年に誤りのあること、この二点が偽作と考える主たる論拠です。しかし、曹魏への現状認識、先帝という言葉の頻度、「賊である曹魏を伐《う》たなければ王業は滅びてしまう」という北伐の意義表明、そして「ひたすら死力を尽くし、死ぬまで勤めて片時もやめない（鞠躬《きくきゅう》尽力し、死して後已《や》まん）」という北伐への強い決意からは、諸葛亮の真作と判断してよいでしょう。訳を掲げておきます。

今は亡き先帝（劉備）は、漢（蜀漢）と賊（曹魏）とは両立せず、漢室復興という王業を達成するため、西辺の地（蜀）に安住すべきではないとお考えになり、私（諸葛亮）に曹魏を伐つことを委託されました。もとより私の才能がつたなく、敵の力が強大であることは、ご承知でありました。しかし、曹魏を伐たない限り、王業は達成できません。ただ何もしないで滅亡を待つよりは、曹魏討伐を敢行すべきでしょう。故に、私に委託して少しも疑われなかったのです。私は先帝の遺命を受けてより、寝食を忘れ、ひたすら北伐のことだけを思いました。まず南方を安定させるべきだと考え、先年五月、濾水《ろすい》を渡り草木も生えぬ南方の地に入り、苦労の末、蛮夷《ばんい》を平定いたしました。私は、決して我が身が可愛くないわけではありません。しかし考えますに、王業は蜀のような西辺の地に安閑としているべきではないのです。それ故に危険を冒してまで先帝のご遺志を奉じているのであります。……

表には諸葛亮の北伐への思いが込められています。

❻劉諶と安楽公

二つの出師《すいし》の表《ひょう》を残して諸葛亮が亡くなった後も、劉禅は三十年もの間、国を保ち続けました。それでも、後世の評価が高くないのは、滅亡時の息子への対応と降服後のエピソードのためでしょう。

譙周《しょうしゅう》の勧めで降服を決意したとき、五男の北地王《ほくち》劉諶《りゅうじん》は、徹底抗戦を主張しました。姜維《きょうい》は、依然剣閣《けんかく》で鍾会《しょうかい》を防いでいたからです。しかし、劉禅は聞き入れませんでした。劉諶は、国の滅亡に慟哭《どうこく》し、妻子とともに自害します。それを見捨てるように、劉禅は鄧艾《とうがい》に降服して洛陽《らくよう》に移住したのです。

洛陽では、司馬昭《しばしょう》が宴会で蜀の音楽を演奏させました。蜀の臣下はみな涙を落としましたが、劉禅は笑って平然としていました。司馬昭は、「これでは諸葛亮が生きていたとしても国を保つのは無理であろう。まして姜維では」とあきれて言います。さらに、司馬昭が「少しは蜀を思い出されますか」と尋ねると、劉禅は「ここは楽しいので、思い出しません」と答えました。こうして劉禅は、安楽公《あんらくこう》として何不自由なく暮らし、天寿を全《まっと》うしたのでした。

関《かん》羽《う》

神になった英雄

蜀

関《かん》羽《う》

（？〜二一九年）

字《あざな》は雲長《うんちょう》。河東郡解県《かとうぐんかいけん》の人。劉備の宿将で、兄弟同然の仲であった。曹操《そうそう》に捕らわれても劉備《りゅうび》への忠誠心を捨てず、劉備のもとへ帰参。赤壁《せきへき》の戦いの後、劉備は益州《えきしゅう》へ侵攻するが、これが二人の永遠の別れとなった。龐統《ほうとう》戦死の知らせを受けた諸《しょ》葛亮《かつりょう》は、関羽に荊州《けいしゅう》を委ねる。しかし、呉との同盟を続けられず、配下の裏切りもあって、魏と呉の挟撃により、非業《ひごう》の最期を遂げた。演義《えんぎ》では、すでに神であった関羽に対して、様々な虚構を設け、神格化を試みている。

（『三国志』巻三十六 関羽伝）

☯天下の義士

関羽《かんう》は、字《あざな》を雲長《うんちょう》といい、河東郡解県《かとうぐんかいけん》の人です。前述したように、解県といえば塩の産地として古来有名な場所で、人を殺して亡命しているうちに、劉備《りゅうび》と張飛《ちょうひ》に出会っていますから、関羽は塩商人の用心棒であったのでしょう。

建安《けんあん》四（一九九）年、徐州《じょしゅう》を奪った劉備でしたが、小沛《しょうはい》で曹操《そうそう》に敗れ、袁紹《えんしょう》のもとに逃げこみます。下邳城《かひじょう》にいた関羽は孤立し、降服しました。関羽は、劉備の妻子を守っていたのです。むろん、関羽が、簡単に捕虜になるはずはありません。『三国志演義《さんごくしえんぎ》』では、劉備の妻子に危害を加えないこと、行方不明の劉備の所在が明らかになれば劉備のもとに戻ることを条件に、曹操にではなく曹操が擁立している献帝《けんてい》の「漢」に降服すること、という三つの条件を付けて降服したことになっています。『三国志』には、そこまでの記載はありませんが、関羽がのちに居所の判明した劉備のもとに、劉備の妻子を守って戻ったことは確かです。

まだ、関羽が劉備のもとに戻っていない建安五（二〇〇）年、官渡《かんと》の戦いが行われました。袁紹軍の猛将顔良《がんりょう》が白馬城《はくばじょう》を包囲したのです。曹操は救援にかけつけ、関羽と張遼《ちょうりょう》に先鋒を命じました。関羽は顔良の旗印めがけて突撃し、これを刺し殺すと、首を斬り、悠然と引きあげてきます。曹操は関羽の手柄に報い、漢寿亭侯《かんじゅていこう》に封建しました。『三国志演義』では、「寿亭侯《じゅていこう》」という列侯に関羽を封建したところ喜ばず、「漢寿亭侯（漢の寿亭侯）」に言葉を改めて封建したところ関羽は納得した、という話を作って、関羽は曹操ではなく「漢」に降服した、という部分にこだわりを見せます（中国で読まれている毛宗崗本《もうそうこうぼん》では、この話は削られています）。義の人関羽が、不倶戴天《ふぐたいてん》の敵である曹操に降服してはいけないのです。あくまでも漢に、というこだわりを見て取ることができますが、『三国志』によれば、曹操が関羽に与えた称号はもともと「漢寿亭侯（漢寿《かんじゅ》の亭侯、漢寿という亭を封邑《ほうゆう》とする列侯）」なのです。見事な虚構（フィクション）というほかありません。

これよりさき、関羽は張遼に語っています。「曹公（曹操）には感謝をしているが、長年、劉将軍（劉備）の恩義をこうむり、死ぬときは一緒であると誓った。曹公のために手柄をたてたら、お暇《いとま》するつもりだ」と。これを聞いた曹操は感嘆しました。「天下の義士である」と。

果たして、関羽は顔良を討ち取ると、下賜の品々を封印して出奔《しゅっぽん》します。曹操は追跡しようとする側近たちをなだめて言いました。「かれはかれで主君のために行動している。追ってはならぬ」と。曹操に「天下の義士」と評された関羽は、名士《めいし》の仲間入りを認められたと考えてよいでしょう。

☯関羽の弱点

劉備が入蜀する際、龐統《ほうとう》が戦死して危機に陥ると、諸葛亮は張飛・趙雲を連れて援軍に向かいます。そのときに、関羽は荊州の留守を任されたのです。しかし、北に曹操、東に孫権という、外交を必要とする荊州の守備は、プライドの高い関羽には不向きでした。まだ、呉に劉備との同盟を重んじる魯粛《ろしゅく》がいる間は、なんとかなりました。魯粛が呉の反発を抑えてくれたからです。ところが魯粛の死後、孫権が自分の息子と関羽の娘の縁談を持ちかけますが、関羽が使者をどなりつけて拒否したため、呉との関係は悪化します。また、部下の名士との折り合いもよくありませんでした。関羽と張飛には正反対な部分があります。意外かも知れませんが、張飛は名士が好きで遊びに行ったりする反面、兵士には厳しく部下をよく鞭《むち》で打ちました。張飛の最期は、それを怨んだ部下の寝返りでした。一方、関羽は、兵士に優しい反面、名士に対抗意識を持ち、自らも晩年『春秋左氏伝《しゅんじゅうさしでん》』を学ぶほどでした。

建安二十四（二一九）年、劉備の漢中進出と呼応して、関羽は曹仁《そうじん》を樊城《はんじょう》に包囲します。救援に派遣した于禁《うきん》と龐悳《ほうとく》が関羽に敗れると、曹操は真剣に遷都を計画しました。それほどまでに、曹操は関羽を恐れていました。しかし、その間に、荊州の留守に残していた名士が背いて呉を迎え入れたのです。魏と呉に挟撃された関羽は、麦城《ばくじょう》で孤立無援となり、戦死しました。

『三国志演義』が編纂《へんさん》された明《みん》代には、関羽はすでに信仰の対象でした。『三国志演義』の古い版本のなかには、関羽死去の場面をあえて描かない本もあります。『源氏物語』の光源氏の死が描かれないことと同じです。あるいは、青龍偃月刀《せいりゅうえんげつとう》が池に沈むことや、関羽の愛馬赤兎馬《せきとば》が死去することで、関羽の死を象徴させた本も残っています。いずれにせよ、曹操の厚遇を振り切って劉備のもとに戻った関羽の行為に、人々は義を感じたのでしょう。『三国志演義』には、関羽の義を強調するために、赤壁で敗れた曹操の軍を、かつて受けた恩義の故に見逃してしまい、悄然《しょうぜん》と首を垂れて帰ってくる関羽の姿も描かれています。見逃した場合には首を取られてもよい、と諸葛亮に約束していたのです。自分の命が取られる場合でも、たとえ敵でも、受けた恩義には必ず報いる義の人、それが関羽なのです。

関帝信仰

　関羽は、唐《とう》代に初めて神として祀《まつ》られました。しかし、そのときは、仏を守るための伽藍神《がらんしん》（日本の寺院で仏を守護する「〇〇天」と呼ばれているバラモン教系の神々と同じ）に過ぎず、傑出した信仰を集める神ではありませんでした。関羽の地位が高くなる時期は宋《そう》代です。宋の皇帝たちは、北方民族に追い詰められたときほど、関羽に神としての高い称号を加えていきました。その結果、関羽は国家の守護神として明《みん》代には関聖帝君《かんせいていくん》（関帝）と呼ばれるに至ります。漢民族だけではありません。満州族の建国した清《しん》でも、関羽は国家のために戦いました。清代の報告書には、赤い顔の長い髯《ひげ》の神が降りてきて、清軍を守ってくれたために勝利をした、と記されています。こうして国家の守護神である関帝となった関羽は、主人であった劉備や、演義の主役の諸葛亮よりも高い地位に昇り詰めたのです。

　国家の守護神として戦う関羽の姿は、三国時代の関羽像とあまり変化がないため、違和感はありません。しかし、横浜で祀られている関帝が商売の神様であるように、国家祭祀としてではなく、民間信仰の対象としての関帝信仰では、関帝は財神《ざいしん》とされています。関羽の義に厚い生きざまが商人に重要な模範を提供するためです。

もう一つの、そして大きな理由は、関羽が解県《かいけん》の出身であったことにあります。「敵に塩を送る」という言葉がありますが、日本は海で囲まれた島国です。それでも武田信玄《たけだしんげん》は、塩不足に苦しんだのですから、塩がいかに重要な商品であったかが分かります。中国は大陸国家です。塩の採れる場所は限られています。さきにもふれたとおり、山西省《さんせい》の解県は古来より塩生産の中心でした。塩の生産・流通に携わる者の間で、塩の生産を邪魔する蚩尤神《しゆうしん》と戦う解出身の関羽への信仰が、宋代より形成されていったのです。

明代になると、山西商人は、新安《しんあん》商人と並ぶ、中国商人の二大勢力となりました。山西商人は、各地に商売に出掛ける際に、自分たちの守護神である関羽に縋《すが》り、商売に成功して定住すれば、お礼に関帝廟《かんていびょう》を作って祭祀を行いました。こうして関帝廟は、中国全土に広がり、華人《かじん》（華僑《かきょう》）の進出に併せて海外にも建設されていったのです。日本にも、函館・横浜・神戸・長崎に関帝廟が存在し、現在でも華人のコミュニティーの中核をなす広い信仰を集め続けています。「三国志」の英雄のなかで、今日、中国人に最も深く関わっている者は、諸葛亮でも曹操でもなく、信仰の対象に高められた関羽と考えてよいでしょう。

張《ちょう》飛《ひ》

長坂坡の雄叫び

蜀

張飛《ちょうひ》

（？〜二二一年）

字《あざな》は益徳《えきとく》、一部の版本では翼徳《よくとく》とされ、演義《えんぎ》はそれを採用する。涿郡《たくぐん》の人。関羽《かんう》とともに劉備《りゅうび》の挙兵より従い、程昱《ていいく》に「一万人に匹敵する」といわれた猛将。荊州《けいしゅう》で曹操《そうそう》に敗れたときには、「わたしが張益徳である。やってこい。死をかけて戦おうぞ」と、長坂橋《ちょうはんきょう》に一人立ちはだかった。益州《えきしゅう》平定戦では、厳顔《げんがん》を尊重して味方につけ、漢中《かんちゅう》争奪戦では張郃《ちょうこう》を破った。劉備が即位すると車騎《しゃき》将軍《しょうぐん》となるが、部下に殺害された。演義では、暴れん坊として大活躍を見せる。

（『三国志』巻三十六 張飛伝）

大鬧（おおさわぎ）の張飛

張飛《ちょうひ》は字《あざな》を益徳《えきとく》（一部の版本では翼徳《よくとく》とされ、演義《えんぎ》はそれを採用）といい、劉備《りゅうび》と同郷の涿郡《たくぐん》の人です。関羽《かんう》とともに劉備の挙兵時より従い、程昱《ていいく》に「一万人に匹敵する」といわれた猛将でした。中国では、一緒にお酒を飲みたい人物の第一位に堂々と選ばれているように、史実の張飛ではなく、大酒飲みで失敗ばかりしている小説の張飛が好まれているようです。関羽は尊敬され、張飛は愛される。二人の役割分担が、しっかりと定まっているのです。

中国の小説では往々にして、主人公と主役が異なる場合があります。例えば『西《さい》遊記《ゆうき》』では、主人公の三蔵法師《さんぞうほうし》は、主役の孫悟空《そんごくう》を引き立てるために、旅の行く手を遮《さえぎ》る妖怪《ようかい》退治に、ほとんど何の働きもしません。『三国志演義《さんごくしえんぎ》』も同じです。主人公の劉備は、個人的な戦闘能力が高く、気性も激しい人物だったのですが、小説では聖人君子にされてしまっています。劉備のキャラクターを食った主役は、張飛《ちょうひ》でした。知識人向けの読み物になった演義では、関羽に比べて扱いが小さい張飛ですが、「説三分《せつさんぶん》」と呼ばれる三国志語りの講談では、庶民に人気のあった張飛が大暴れをします。『水滸伝《すいこでん》』の黒旋風李逵《こくせんぷうりき》と同様、庶民の喜ぶ英雄像は、敵をバッタバッタと打ち倒す大闇《おおさわぎ》の張飛だったのです。

庶民を相手とする講談をまとめた『三国志平話《さんごくしへいわ》』では、張飛が大活躍を見せます。痛快活劇張飛劇場の台本が、そのまま書き留められたからでしょう。

先鋒として黄巾《こうきん》の平定に力を尽くした劉備は、宦官《かんがん》の十常侍《じゅうじょうじ》のために恩賞を与えられなかった。やっと任命された安喜《あんき》の県尉《けんい》に赴任すると、上司の定州《ていしゅう》太守《たいしゅ》は、難癖をつけて劉備をいたぶる。劉備の顔色から太守の悪行を悟った張飛は、刀を手に定州の役所に忍びこむ。張飛は太守と夫人を殺し、さらには役所内に宿直していた二十人あまりを殺すと、颯爽《さっそう》と自分の宿舎に戻っていった。翌日、大騒ぎになった定州では、以前から張飛に目をつけていた督郵《とくゆう》が、太守殺害の嫌疑で、張飛をかばう劉備を捕らえようとした。張飛は劉備を助けると、馬をつなぐ杭《くい》に督郵を縛りつけ、胸を鞭《むち》打ち、百回も棒で殴った。督郵が死ぬと、その身を六段に割き、首を北門に吊《つ》るし、足は四隅に吊るした。

暴れすぎな気がしますが、いかがでしょう。このほか、

張飛が長坂橋で曹操《そうそう》軍を一喝すると、その叫び声は雷が鳴り響くほどで、あまりのことに橋が落ちてしまい、曹操軍は恐れて三十里（約十二キロメートル）も

退いた。

といった『三国志平話』が描く豪快な張飛像は、やがて演義の史実化のなかで消えてしまいます。では、史実では、どのように記述されているのでしょうか。

張飛の見せ場

建安《けんあん》十三（二〇八）年、華北を統一した曹操が荊州《けいしゅう》に南下すると、たまたま劉表《りゅうひょう》は病死し、荊州名士《めいし》の蔡瑁《さいぼう》は次子の劉琮《りゅうそう》を立てて、客将として最前線にいた劉備には何も知らせず、曹操に降服しました。突然、新野《しんや》を襲われた劉備は、南の江陵《こうりょう》を目指して逃げていきます。劉備を慕って続々と民が合流し、当陽《とうよう》に至るころには十万あまりに膨《ふく》れあがり、その進軍速度を遅らせていました。そこで曹操は、騎兵を選《え》りすぐって劉備を急追し、長坂坡《ちょうはんは》で捕捉、散々にこれを破りました。趙雲《ちょううん》が阿《あ》斗《と》（劉禅《りゅうぜん》）を抱き、曹操軍のなかを駆け抜けたのはこのときのことです。敗戦のなかで、殿軍《しんがりぐん》を務めた張飛は、わずか二十騎を率いて、長坂橋に立ちはだかり、追っ手を威嚇《いかく》します。「われこそは張益徳である。やってこい。死を賭《か》けて戦おうぞ」と。曹操軍はおじけづき、近づくものは誰一人なかったといいます。こうして劉備は無事、夏口《かこう》にたどりつくことができたのです。

強弱の差はあっても軍隊は、前からの攻撃には、ある程度まで持ちこたえることができます。弱いのは背後からの攻撃に対してです。軍隊が全滅するときは、追撃されて背後から攻撃されたときか、伏兵などにより包囲されたときです。曹操は、『孫子《そんし》』に注をつけて、「敵軍の五倍の兵力で戦う場合、五分の三で敵軍を正攻法により締めつけ、五分の二は敵が逃げないように退路で待ち、敗退してきたところを全滅させる」と述べています。背後から攻めることにより、大きな損害を相手に与えることは、兵法《へいほう》の鉄則なのです。逆にいえば、軍を撤退させるときには、追撃をくい止める殿軍をどうするのか、が最も大きな問題となります。長坂坡の戦いにおける張飛の殿軍は、見事なものでした。また、北伐《ほくばつ》に成功せず、撤退をくり返した諸葛亮《しょかつりょう》が、困難な撤退時に一度も兵を損なっていないことは、諸葛亮が名将といわれる理由の一つなのです。

❻部下に殺される

張飛は、益州の平定にも活躍します。江州《こうしゅう》に到達した張飛は、劉璋《りゅうしょう》の巴郡太守《はぐんたいしゅ》の厳顔《げんがん》を打ち破り、生け捕りとします。その際に張飛は、厳顔の死を恐れない態度に感嘆し、かれを許して厚遇しています。

また、漢中争奪戦では、宕渠《とうきょ》に進軍、張郃《ちょうこう》と対峙《たいじ》すること五十日以上に及びました。張飛は、別の街道から張郃に攻撃を仕掛け、瓦口《がこう》で打ち破ります。こうして劉備が漢中王となると、張飛は右将軍《ゆうしょうぐん》となります。劉備が帝位に就くと、車騎将軍《しゃきしょうぐん》となりましたが、鬱々として楽しみません。関羽が呉に殺されたまま、その仇を討っていなかったからです。やがて劉備が呉を征討することを定めると、張飛は江州で合流する手筈となりました。しかし、配下の張達《ちょうたつ》と范彊《はんきょう》が、張飛を殺害し、その首を持って呉に出奔《しゅっぽん》したのです。劉備は、張飛の都督《ととく》から上奏文が届けられたと聞いただけで、「ああ、張飛が死んだ」と、嘆いたといいます。

張飛は、名士に対抗した関羽と異なり、名士に愛想をふりまくタイプでした。その反動からなのでしょうか。兵卒には辛《つら》くあたったといいます。劉備は、それを気にかけていました。厳顔を許して、度量を示したのも、名士たちの輿論《よろん》を意識したためなのでしょう。劉巴《りゅうは》のもとを訪れて、「兵子《へいし》」と蔑《さげす》まれて相手にされなかったことは、すでに述べたとおりです。儒教《じゅきょう》が国家統治の基本理念に据えられていた後漢では、武力一辺倒の武人は、軽蔑の対象でしかなかったのです。

赫々《かくかく》たる武勲をあげ、蜀漢の創業に貢献した張飛すら、このような屈辱に耐えねばなりませんでした。あとは推《お》して知るべきでしょう。曹魏の張郃《ちょうこう》や李典《りてん》らは、武力だけだ、とレッテルを貼られることを恐れ、名士の前ではひたすら平身低頭し、学問を愛好するポーズを見せていました。『三国志演義』では文句なく主役の武人たちも、その実像は脇役に過ぎなかったのです。

趙雲《ちょううん》

阿斗を胸に

蜀

趙雲《ちょううん》

（？～二二九年）

字《あざな》は子龍《しりよう》。常山郡真定県《じようざんぐんしんていけん》の人。はじめ公孫瓚《こうそんさん》に仕え、公孫瓚の将として袁紹《えんしよう》との戦いに派遣された劉備《りゆうび》に、主騎《しゆき》として従った。そののち、改めて劉備に仕え、荊州《けいしゆう》で曹操《そうそう》に敗れた際には、単騎で敵軍の真っ只中に突っ込み、逃げ遅れた阿斗《あと》（劉禅《りゆうぜん》）を救出した。入蜀時には、諸葛亮《しよかつりよう》とともに劉備を助け、漢中争奪戦では曹操の大軍を門を開けて迎え撃ち、劉備から「子龍の身体はすべて肝っ玉である」と称賛された。演義《えんぎ》では、活躍の場はさらに多く、五虎将軍《ごこしようぐん》の一人とされている。

（『三国志』巻三十六 趙雲伝）

❻至誠の将軍

趙雲《ちょううん》は、字《あざな》を子龍《しりょう》といい、常山郡真定県《じょうざんぐんしんていけん》の人です。はじめ公孫瓚《こうそんさん》に仕え、公孫瓚の将として袁紹《えんしょう》との戦いに派遣された劉備《りゅうび》に、主騎《しゅき》として従いました。そののち、改めて劉備に仕え、『趙雲別伝《ちょううんべつでん》』によれば、「劉備と同じ床で眠った」といいます。関羽《かんう》・張飛《ちょうひ》に匹敵する待遇を受けたとされるのです。

やがて、劉備に従って荊州《けいしゅう》に赴《おもむ》き、華北を統一して南下した曹操《そうそう》の急襲を受けます。趙雲は単身で敵軍の真っ只中に駆け込み、逃げ遅れた阿斗《あと》（劉禅《りゅうぜん》）とその生母の甘夫人《かんふじん》を救い出し、牙門将軍《がもんしょうぐん》に昇進します。この戦いの最中、「趙雲が味方を裏切って、曹操に降服した」と告げる者がありました。しかし、劉備は、「子龍は決して見捨てて逃げたりしない」と言って、その者を打ち据えたといいます。至誠の将軍、趙雲は、劉備の厚い信頼を受けていたのです。

やがて、諸葛亮《しょかつりょう》とともに入蜀して江陽《こうよう》に至り、成都《せいと》を包囲して平定した功績により、翊軍将軍《よくぐんしょうぐん》に任命されます。漢中争奪戦では、曹操の大軍を打ち破りましたが、再び曹操軍が兵を集めて盛り返し、趙雲の陣営まで追撃してきました。このとき、趙雲は、門を大きく開いて旗を伏せ、進撃の合図である太鼓を鳴らすことを止めさせました。曹操軍はその静けさに驚き、伏兵があるのではと疑い、退きます。趙雲は、ここぞとばかり、太鼓を鳴らして進撃し、弩《ど》を発射して背後からも曹操軍を攻撃したので、仰天した曹操軍は漢水《かんすい》に落ちて大きな損害を受けました。翌日、劉備は自ら趙雲の陣営を訪れて戦場を視察し、「子龍の身体はすべて肝っ玉である」と称賛しました。軍中では、趙雲を「虎威《こい》将軍」と呼んだといいます。

また、関羽が殺害されて、劉備が呉を征討しようとしたときには、「国賊は曹操であって、孫権《そんけん》ではありません。まず魏を滅ぼせば、呉はおのずと屈伏するでしょう。曹操は死んだといっても、曹丕《そうひ》が簒奪《さんだつ》を働いています。魏を放置して、呉と戦ってはなりません」と、劉備の東征を止めています。

諸葛亮に従って、第一次北伐に参加した趙雲は、おとりの軍として箕谷《きこく》に進出し、主力軍と勘違いをして大軍を派遣した曹真《そうしん》に敗れています。しかし、趙雲自らが殿軍《しんがりぐん》となり、軍需物資をほとんど捨てず、将兵はまとまりをなくさずに撤退できました。諸葛亮は、軍需物資の絹を趙雲が残していたので、将兵に分け与えようとしましたが、趙雲は、「負け戦《いくさ》であったのに、どうして下賜があるのでしょう。物資は、すべて蔵におさめ、冬の支度品とされますように」と進言して、敗戦の責任を明らかにしています。諸葛亮は、大いにこれを喜びました。

趙雲の生涯は、至誠に貫かれ、見事な生き方としかいいようがありません。ただ、『三国志演義《さんごくしえんぎ》』ではなく、『三国志』と注に引用された『趙雲別伝』という二種の史書のなかで、趙雲の描かれ方が明確に異なるのです。

❻趙雲の描かれ方

陳寿《ちんじゅ》の『三国志』に注をつけた裴松之《はいしょうし》は、『○○別伝』という書物を多く引用しています。『趙雲別伝』は、その一つです。別伝とは、三国から東晋《とうしん》にかけて多く書かれた人物伝で、その記録の信憑性《しんぴょうせい》は高くありません。後漢まで、史書は国家が編纂《へんさん》するものでした。むろん、国家が編纂することにより偏向も生じます。しかし、三国時代以降、名士《めいし》や貴族の名声を高めるため、そして貴族が多く就任した著《ちょ》作郎《さくろう》の課題として書かれた別伝は、国家の編纂物に比べて、いいかげんな内容のものも多かったのです。裴松之が『三国志』に注をつけると同時に、引用した書物を史料批判して、史実を確定しようとしているのは、不確実な内容を持つ別伝のような史書が増えたためでした。ここに、史料批判という独自の学問方法を持つ史学が成立した、と考えることができます。

趙雲《ちょううん》は、陳寿が著した『三国志』よりも、裴松之《はいしょうし》の注に引用された『趙雲別伝』の方が、はるかに立派な人物として描かれています。『三国志』では、長坂坡《ちょうはんは》で阿《あ》斗《と》を保護したことは書かれるものの、あとは北伐で曹真に敗れ、死後に順平侯《じゅんぺいこう》となったことが記されるのみです。評《ひょう》において、趙雲を夏侯嬰《かこうえい》（前漢の劉邦《りゅうほう》の御者、劉邦が捨てた子を拾って車を走らせ続けた）に準《なぞら》えているように、陳寿の描く趙雲は、劉備の家族の護衛隊長なのです。

これに対して、『趙雲別伝』では、劉備と同じ床で眠ったとされ、長坂坡での働きは金石を貫くほどの節義であるとされています。また、孫夫人が劉禅を連れて呉に帰ることを防ぎ、益州平定時には、成都の建物・土地の分配に反対、曹操に敗れた黄忠《こうちゅう》を救出して、「子龍の身体はすべて肝っ玉である」と劉備に評価されています。さらに、関羽の仇討ちのため、孫呉を討伐する劉備に堂々と反対します。すなわち『趙雲別伝』における趙雲は、関羽・張飛と並ぶ股肱《ここう》で、君主に諫言《かんげん》する知勇兼備の将として描かれているのです。演義は何の躊躇《ちゅうちょ》もなく、『趙雲別伝』の記録に従い、至誠の名将趙雲が大活躍しています。

英雄のアイテム

『三国志演義』では、趙雲がふだん使用する武器は槍でしたが、長坂坡で一騎駆けをした折だけは、青釭《せいこう》という宝剣を持っています。青釭はもともと曹操の宝剣でした。長坂坡で曹操軍のなかを駆け抜ける際に、曹操から青釭を預かっていた夏侯恩《かこうおん》を一突きで倒して手に入れたのです。剣は、春秋戦国時代の武器で、諸刃《もろは》です。漢代に片刃の刀が普及したことにより、剣が使われることは次第に少なくなりました。しかし、これによって剣は、神秘的な力を持つものとしてかえって尊重されるようになり、青釭はその神聖性により、やがて皇帝になる劉禅を守る役割を果たしているのです。ちなみに、劉備が持つ雌雄一対の武器も剣であり、刀ではありません。劉備の神聖性が、剣により表現されていると考えてよいでしょう。

また、張飛が生涯愛用した蛇矛《だぼう》は、刃の部分が蛇行した槍で、蛇行は突き刺した傷口が大きく広がる効果を持ちます。「点鋼矛《てんこうぼう》」という名がつけられています。その長さは一丈八尺とされ、演義の書かれた明代の尺度で計算すると六メートル近くに及びます。世界記録の棒高跳びの棒を振り回すようなもので、常人には使えるはずはないのですが、張飛であるため良しとすることにしましょう。

関羽が持っている青龍偃月刀《せいりゅうえんげつとう》は、「冷豔鋸《れいえんきょ》」と呼ばれています。雑劇「劉関張桃園三結義」では、関羽が石をどけ、その下の刀を手に入れるという一段があります。また、演義の古い版本のなかには、関羽が呉軍の馬忠《ばちゅう》と戦っている際、突然空中から「雲長《うんちょう》（関羽）よ、久しく下方に住んでおったが、これに玉帝《ぎょくてい》の詔《みことのり》がある。凡夫との勝負にこだわるでない」との声がし、頓悟《とんご》した関羽は、「刀馬を棄却して」天に帰ったという記述もあります。関羽の冷豔鋸は、孫悟空の如意棒《にょいぼう》と同じように、関羽を「剣神」とするための剣であったのでしょう。

馬《ば》超《ちょう》

曹操との死闘

蜀

馬《ば》超《ちょう》

（一七六〜二二二年）

字《あざな》は孟起《もうき》。扶風郡茂陵県《ふふうぐんもりょうけん》の人。涼州《りょうしゅう》に勢力を有していたが、曹操《そうそう》が漢中《かんちゅう》を攻めたことに身の危険を感じ、反旗を翻《ひるがえ》した。これにより、都で隠居生活をしていた父馬騰《ばとう》は殺された。曹操に敗れた馬超は、張魯《ちょうろ》のもとに身を投じ、そののち劉備《りゅうび》に仕えた。演義《えんぎ》では、父の馬騰が曹操におびき出され、弟たちもろとも殺されたので、劉備から曹操討伐の誘いを受けた馬超が、韓遂《かんすい》とともに曹操を攻めて、長安《ちょうあん》を取ったとされている。史実とは、父の死去の順序を入れ換えているのである。

（『三国志』巻三十六 馬超伝）

☯曹操との死闘

馬超《ばちょう》は、字《あざな》を孟起《もうき》といい、扶風郡《ふふうぐん》茂陵県《もりょうけん》の人で、涼州《りょうしゅう》に独立勢力を築いていた馬騰《ばとう》の長子です。初平《しょへい》三（一九二）年、馬騰とその盟友である韓遂《かんすい》は、軍勢を率いて長安《ちょうあん》に赴くと、漢は韓遂を鎮西将軍《ちんせいしょうぐん》に任命して金城《きんじょう》に帰還させ、馬騰を征西将軍《せいせいしょうぐん》に任命して郿《び》に駐屯させました。その後、馬騰は長安を襲撃して敗北、涼州へと逃げ帰ります。曹操《そうそう》より関中《かんちゅう》を任されていた司隷校尉《しれいこうい》の鍾繇《しょうよう》は、馬騰と韓遂に服従した場合の利害について諭し、馬騰はこれに応えて、子の馬超を鍾繇のもとに派遣しています。丞相《じょうしょう》となっていた曹操は、馬超を自らのもとに置こうとしましたが、馬超は曹操のもとへは行かず、司隷校尉の督軍従事《とくぐんじゅうじ》となって、郭援《かくえん》を討伐しています。

やがて、馬騰と韓遂は不仲になり、馬騰は都に帰りたいと願い、衛尉《えいい》に任命されます。馬超の弟である馬休《ばきゅう》と馬鉄《ばてつ》も、奉車都尉《ほうしゃとい》・騎都尉《きとい》に任命されて、鄴《ぎょう》に移住しました。しかし、馬超だけは、偏将軍《へんしょうぐん》のまま涼州に留まり、馬騰の軍営を掌握し続けたのです。

建安《けんあん》十六（二一一）年、馬超は韓遂と連合して反乱を起こし、軍を潼関《どうかん》まで進めます。この結果、父の馬騰は、馬超の罪に連座して、弟ともども三族皆殺しにされています。『三国志演義《さんごくしえんぎ》』は、蜀に仕えた馬超を良く書くために、曹操に処刑された父の敵討ちのため、馬超が蜂起した、としていますが、史実では馬超の野心が馬騰を死に追い込んだのでした。

戦いに際して、曹操は、馬超・韓遂と会談していますが、馬超は密かに曹操をその場で捕らえるつもりでした。しかし、許褚《きょちょ》が厳しく警護にあたっていたので、手を出せなかったことは、すでに述べたとおりです。また、賈詡《かく》の計略によって、馬超と韓遂の仲は引き裂かれ、涼州兵の流れを汲む軽装騎兵が、曹操の親衛隊の「虎豹騎《こひょうき》」と呼ばれる重装騎兵に敗れたことも、すでに述べたとおりです。

敗北した馬超は、逃走後、安定郡《あんていぐん》の異民族と連合し、曹操軍の撤収を待って、涼州刺史《りょうしゅうしし》の韋康《いこう》を殺害、冀城《きじょう》を拠点にその軍勢を配下におさめました。これに対して、韋康の故吏《こり》（もとの部下）の楊阜《ようふ》と姜叙《きょうじょ》が鹵城《ろじょう》で兵をあげ、馬超がそれを討伐に赴《おもむ》いた隙に、梁寛《りょうかん》と趙衢《ちょうく》が馬超の妻子を殺して、冀城の城門を閉ざしました。進退極まった馬超は、漢中《かんちゅう》に逃走、張魯《ちょうろ》のもとに身を寄せることになったのです。

❻ 五斗米道の宗教王国

漢中を支配していた張魯は、五斗米道《ごとべいどう》という原始道教の教主でした。五斗米道という名称は、病気が治った信者に、五斗（五百合）の米を寄進させたことに由来します。やがて、曹操に降服した張魯が、創始者の張陵《ちょうりょう》を「天師《てんし》」と呼んで崇《あが》めたことから天師道という呼称に変わり、さらに正一教《しょういつきょう》と名を変えて現代まで続いている道教です。その教義によれば、病気になるのは人間の犯した罪が原因であり、病気を治すには、祭酒《さいしゅ》の指導のもとに静室《せいしつ》で天・地・水の神々に罪をざんげ告白し、再び罪を犯さないとの誓約文を書けばよいといいます。また『老子《ろうし》』を習う一方で、悪事を行った者は三度まで許し、四度目になると罪人と呼んで、流民に対して無償で食料を提供している義舎《ぎしゃ》に米や肉を寄進したり、道路工事などの公益活動を行わせるといった独自の教法を持っていました。

さらに、信者から構成される強固な自治組織を形成して、一般信者を鬼卒《きそつ》、それをまとめるものを祭酒、さらにその上に治君《ちくん》・師君《しくん》（張魯が号しました）を置くという階級的な組織を持っていました。こうして五斗米道は、漢中に宗教王国を形成していたのです。張魯の漢中支配は、五斗米道教団の統制組織を利用したものなので、官吏を任用せず、教団の祭酒が一般信者である鬼卒を指導するものでした。涼州の軍閥であった馬超とは、およそ縁のない集団であると考えてよいでしょう。

これに対して、曹操の集団は、青州兵《せいしゅうへい》に代表される黄巾《こうきん》の残党を多く含んでいました。黄巾の乱を起こした張角の太平道も、五斗米道とほぼ似た教義を持つのです。このため、親近感があるのでしょうか。のちに張魯も、天下を定める者は魏であるという予言書を伝え、五斗米道が待ち望んだ支配者として、曹操を「真人《しんじん》」と位置づけるなど、魏に協力的でした。曹操と対立関係にある馬超が、ここに長く留まることは難しかったでしょう。

張魯の兵を借りて、馬超は何回か涼州の奪取を狙いましたが、勝利を得られませんでした。当然のように、張魯の将軍である楊白《ようはく》が馬超の能力を非難し、立場をなくした馬超は、武都郡《ぶとぐん》から氐族《ていぞく》の居住地に逃げ込んでいきました。こののち、張魯は、漢中の平定を目指した曹操に降服し、その娘は曹操の子曹宇《そうう》の妻となっています。両者の利害が一致し、曹操は宗教教団を取り込むことができたのです。

❻ 劉備に仕える

建安十九（二一四）年、劉備が成都の劉璋《りゅうしょう》を包囲したと聞いた馬超は、密書を送って降服を願い出て、劉備に仕えることになりました。劉備が使者をやって馬超を迎えると、馬超は軍兵を率いて成都城下に到着、恐れた劉璋は直ちに降服していま す。涼州に轟《とどろ》く馬超の勇名を益州牧の劉璋はよく知っていたのでしょう。

『山陽公載記《さんようこうさいき》』は、「劉備が馬超を厚遇するのをいいことに、馬超は劉備をいつも字《あざな》で呼び、関羽や張飛の反感を買っていた。あるとき馬超と劉備が会見すると、劉備の両脇に関羽と張飛が刀を持って侍立《じりつ》しているので、馬超は自分の無礼を恥じ、以後態度を改めた」と記録しています。裴松之《はいしょうし》の史料批判の通り、馬超が集団に加入した後、関羽・張飛が揃ったことはありませんので、これは創作でしょう。ただし、馬超が劉備に厚遇されたのは確かなようで、荊州から関羽が手紙を寄越していま す。

「馬超の人物や才能は誰に匹敵するのか」という関羽の手紙に対して、諸葛亮は、「孟起《もうき》（馬超）は、文武の才を兼ね備え、武勇は人並み外れて、一代の傑物であり、漢の黥布《げいふ》や彭越《ほうえつ》にもたとえられる。益徳《えきとく》（張飛）と先を争う人物であるが、髯殿《ひげどの》（関羽）の比類なき傑出ぶりには及ばない」と返答しています。関羽を「髯殿」と愛称で呼び、馬超も及ばないとプライドの高い関羽をくすぐって喜ばす。名士諸葛亮の悪辣《あくらつ》な手腕が見て取れます。もちろん関羽は大喜びで、賓客《ひんきゃく》に諸葛亮の手紙を見せて回ったといいます。

もともとは曹操の好敵手で、関羽が気にするほどの豪傑、馬超の存在感がお分かりいただけたでしょうか。

魏《ぎ》延《えん》

たたき上げの武将

蜀

魏《ぎ》延《えん》

（？～二三四年）

字《あざな》は文長《ぶんちょう》。義陽郡《ぎようぐん》の人。荊州《けいしゅう》より劉備《りゅうび》の入蜀に随行して活躍。劉備が漢中《かんちゅう》王に就くと、張飛が任命されると思われていた漢中太守《たいしゅ》に抜擢《ばってき》されるほど、劉備に信頼されていた。諸葛亮《しょかつりょう》の北伐に際して、長安《ちょうあん》急襲策を提案したが採用されず、諸葛亮の死後、不仲であった楊儀《ようぎ》と戦い、馬岱《ばたい》に殺される。演義《えんぎ》では、劉備集団に加入した折から、諸葛亮にその「反骨《はんこつ》」の故に斬られそうになり、諸葛亮の祈禱《きとう》の主灯を踏み消すなど、一貫して悪役に描かれている。

（『三国志』巻四十 魏延伝）

劉備に抜擢される

魏延《ぎえん》は、字《あざな》を文長《ぶんちょう》といい、義陽郡《ぎようぐん》の人です。『三国志』の魏延伝に、「部曲《ぶきょく》（兵）として先主（劉備《りゅうび》）に随従した」と明記してありますので、魏延が兵からのたたき上げの武将であることが分かります。あえていえば、劉備や関羽《かんう》・張飛《ちょうひ》と同じ階層の出身なのです。諸葛亮《しょかつりょう》や楊儀《ようぎ》の考えていることが分からなかったのは、仕方がないといえるでしょう。逆に考えれば、一兵卒から蜀漢を代表する武将にまで成り上がったのですから、いかに武将としての力が秀でていたのかを想像できます。

魏延の力が発揮されたのは、劉備の入蜀のころからです。たびたび戦功をあげて、牙門将軍《がもんしょうぐん》に昇進しています。劉備が漢中《かんちゅう》王に就くと、漢中太守《たいしゅ》には張飛が任命されるものだと周囲の人々は噂をしていました。しかし、期待していたのでしょう。劉備は、魏延を抜擢《ばってき》して漢中太守としました。劉備は、群臣の前で今回の重任について、どのように考えているのかを魏延に問います。魏延は、「もし曹操《そうそう》が天下の兵を率いて攻めてきたならば、大王のためにこれを防ぎましょう。方面軍《ほうめんぐん》司令《しれい》官《かん》が十万の兵で攻めてきたならば、これを呑《の》み込みましょう」と答えて、劉備を喜ばせています。つねに劉備の期待に応え、劉備が即位すると、鎮北将軍《ちんほくしょうぐん》となりました。しかし、劉備が死去し、関羽・張飛もいなくなると、魏延の理解者は急速に減少していきます。

諸葛亮との確執

建興《けんこう》五（二二七）年、諸葛亮が北伐のため漢中に駐屯すると、魏延は、督前部《とくぜんぶ》（前線部隊司令）に任命され、丞相《じょうしょう》司馬《しば》・涼州刺史《りょうしゅうしし》を兼務しました。建興八（二三〇）年には、西方の羌中《きょうちゅう》に侵攻し、魏の雍州刺史《ようしゅうしし》の郭淮《かくかい》を破り、前軍師《ぜんぐんし》・征西大《せいせいだい》将軍《しょうぐん》・仮節《かせつ》に昇進しています。諸葛亮に対してたびたび、「精鋭五千人を率い、子《し》午道《ごどう》を通って長安《ちょうあん》を攻撃したい」と進言していますが、諸葛亮はこれを危険な策として採用しませんでした。魏延は、諸葛亮を臆病者と罵《ののし》り、自分の才能が用いられないことに不満を募らせています。

それでも諸葛亮は、北伐の方針を変えませんでした。第二次・第三次の北伐は、郝昭《かくしょう》の守る陳倉《ちんそう》を攻撃する諸葛亮自身がおとりとなり（第二次北伐）、陳式《ちんしょく》に武都《ぶと》郡《ぐん》・陰平郡《いんぺいぐん》を取らせています（第三次北伐）。第四次北伐では、木牛《ぼくぎゅう》を利用して兵糧を輸送し、前哨戦の後、司馬懿《しばい》が率いる曹魏の主力軍と決戦を行い、大勝を得ました。第五次北伐では、司馬懿の持久戦により、決戦を行うことはできませんでした。すなわち、五回の北伐中、主力の決戦は、唯一、第四次北伐の戦いだけなのです。国を傾けて北伐を行った割には、決戦が少なかったことは事実で、戦いのなかで生きてきた魏延には、不満が多かったのでしょう。

魏延は、たたき上げの武将なので兵卒の養成がうまく、また、誇り高い性格であるため、人々は頭が上がりませんでした。ただ、楊儀だけは魏延に対して容赦をせず、二人は常に相容れなかったといいます。二人の能力を発揮させることができたのは、諸葛亮が上に立っていたことと、費禕《ひい》が仲裁したことによります。魏延と楊儀が互いに憎み合い、同じ席で争論になると、魏延は刀を振りあげて楊儀に突きつけ、楊儀は頰《ほお》に涙を流すという有り様でしたが、いつも費禕が両者の座席に割って入り、諫《いさ》め諭して分かれさせていました。諸葛亮が陣没するまで、楊儀と魏延の能力をそれぞれ発揮させることができたのは、費禕の努力によるのです。

建興十二（二三四）年、諸葛亮が北谷口《ほくこくこう》に出陣した際、魏延は頭に角が生える夢を見たので、その意味するところを夢占いの趙直《ちょうちょく》に尋ねました。趙直は魏延には、「麒麟《きりん》は角を持っていますが、用いることはできません。戦わずして賊軍が自滅する象徴です」とごまかしました。退座した後、「角という字は、頭の上に刀を用いると書くから凶夢である」とほかの人には告げています。

諸葛亮は、死を悟ると、魏延に後詰めをさせて引き上げるように遺命しました。ところが、魏延は、退路を遮断して、「楊儀が反乱を起こした」と上奏します。当然、楊儀もまた魏延の反乱を上奏しました。成都《せいと》で留守を預かる蔣琬《しょうえん》と董允《とういん》は、魏延に非があると判断し、楊儀に加勢して魏延を迎え撃つことにしました。魏延の兵士たちもまた、魏延に非があることを知っていたので、魏延に従う者はありません。魏延は大敗し、漢中に逃れようとするところを馬岱《ばたい》に追撃されて斬られたのです。

❻丞相の後継者

諸葛亮が死去した途端、蜀漢の北伐軍は分裂し、魏延は殺されました。諸葛亮の役割がいかに大きい国家であったのかを窺《うかが》えます。さらに、分裂は続きます。諸葛亮の北伐を支えてきた楊儀が除かれるのです。

諸葛亮の病気が進むにつれ、その後継者には関心が集まったことでしょう。魏延は、「諸葛亮の北伐は自分が継承するのだ」と宣言していました。一方、最も後継者に近い、と自分で思っていた者は楊儀でしょう。北伐に際して、部隊の編成や兵糧の計算に卓越した能力を示していました。

しかし、諸葛亮が考えていた後継者は、蔣琬でした。劉禅《りゅうぜん》が即位し、諸葛亮が丞相府《じょうしょうふ》を開き、すべての政務を丞相府で行うようになると、蔣琬は召されて東曹掾《とうそうえん》となり、人事を担当しました。さらに、北伐を始めた諸葛亮が、漢中《かんちゅう》に駐留すると、成都《せいと》に残って丞相府の留守を預かり、兵糧と軍兵を補充する後方支援を担当しました。諸葛亮は蔣琬を信任して、「蔣琬は忠義公正で、王業を支える人物である」と評価し、また、劉禅に秘密の上奏をして、「臣《わたし》にもし不幸があれば、後の事は蔣琬におまかせください」と告げていました。

諸葛亮は、五丈原《ごじょうげん》で陣没する際にも、遺言を聞きにきた李福《りふく》に、自分の後継者として蔣琬と費禕《ひい》の名を挙げています。蔣琬は、諸葛亮に抜擢され、亮の薫陶《くんとう》を受けた後継者として、亮亡き後の蜀漢の政権を担当していったのです。

これに対して、軍事的後継者と自覚していた魏延、文官としての後継者だと自覚していた楊儀は、バランスが悪すぎました。たたき上げの武将である魏延は、関羽以上に名士《めいし》との関係が悪く、とても北伐を継続していくことはできなかったでしょう。楊儀もまた、蔣琬とは対照的に度量が狭く、かつては上司の劉巴《りゅうは》と反《そ》りが合わずに左遷され、北伐では魏延《ぎえん》と対立して、結局は魏延を反乱に追いやっています。蔣琬が後継者に選ばれてからは、不満をぶちまけ、庶民に落とされて漢嘉郡《かんかぐん》に流されました。それでも上書して、蔣琬を誹謗《ひぼう》したので逮捕され、最期は自殺をしています。

魏延は、諸葛亮を卑怯者と呼び、自らの才能が用いられないことを恨みました。しかし、諸葛亮だからこそ、魏延を使い続けることができたことを思い知るべきでした。それができなかったのは、劉備が魏延を大抜擢したことで増長させたためでしょうか。

姜《きょう》維《い》

丞相の遺志を継ぐ

蜀

姜《きよう》維《い》

（二〇二〜二六四年）

字《あざな》は伯約《はくやく》。天水郡冀県《てんすいぐんきけん》の人。祁山《きざん》に進出した諸葛《しよかつ》亮《りよう》に魏から帰順した。諸葛亮は、「姜維の才能は李邵《りしよう》や馬良《ばりよう》も及ばない。涼州《りようしゆう》の上士である」と高く評価し、北伐に従軍させ中監軍《ちゆうかんぐん》・征西将軍《せいせいしようぐん》に抜擢《ばつてき》した。諸葛亮の死後も北伐を続けるが、国の疲弊を招き、恨みをかった。蜀漢《しよくかん》の滅亡時には鍾会《しようかい》をそそのかし、蜀漢の復活を試みるが、鍾会の部下に殺害された。演義《えんぎ》では、諸葛亮に帰順する際、亮を破るという虚構を加えている。

（『三国志』巻四十四 姜維伝）

諸葛亮に評価される

姜維《きょうい》は、字《あざな》を伯約《はくやく》といい、天水郡冀県《てんすいぐんきけん》の人です。もともとは魏の天水太守《てんすいたいしゅ》の馬《ば》遵《じゅん》に仕えていました。建興《けんこう》六（二二八）年、諸葛亮《しょかつりょう》が祁山《きざん》に進軍した際、馬遵は姜維らを従えて巡察に出かけていました。しかし、蜀軍が押し寄せ、諸県も呼応していると聞くと、馬遵は姜維らも寝返っているものと疑い、帰る場所を失った姜維は仕方なく諸葛亮に投降することになりました。

諸葛亮は、姜維の才能を高く評価していました。それは留府長史《りゅうふちょうし》の張裔《ちょうえい》と参軍《さんぐん》の蔣琬《しょうえん》に、「姜維は、その時々に忠実に勤め、深い考えを持ち、その能力は李邵《りしょう》や馬良《ばりょう》も及ばない。涼州《りょうしゅう》の上士である」という人物評価を送っていることにも現れています。諸葛亮の抜擢《ばってき》により、姜維はやがて中護軍《ちゅうごぐん》・征西将軍《せいせいしょうぐん》にまで出世しています。

諸葛亮が卒《しゅつ》すると、成都《せいと》に帰還した姜維は、右監軍《ゆうかんぐん》・輔漢将軍《ほかんしょうぐん》として諸軍を統率することになりました。魏延《ぎえん》の反乱や楊儀《ようぎ》の失脚などが相次ぎ、軍を束ねる者がいなかったのでしょう。また、政権を担当した蔣琬と費禕《ひい》が、諸葛亮の育成した人々であったため、諸葛亮に高く評価されていた姜維は、重要な職務に就くことができたのです。延熙《えんき》元（二三八）年には、大将軍《だいしょうぐん》の蔣琬に随行して漢中《かんちゅう》に駐屯し、蔣琬が大司馬《だいしば》に昇進すると、たびたび一軍を率いて西方へと侵攻しました。

蔣琬の死後は、大将軍の費禕とともに、国政をも担い、隴西《ろうせい》・南安《なんあん》・金城《きんじょう》の諸郡に出兵して、魏の郭淮《かくかい》と戦っています。姜維は、西方の風俗に習熟し、軍事の才能を自負していたことから、羌族《きょうぞく》を味方につけて、隴《ろう》より西を魏から切り取ろうとしていました。諸葛亮の第一次北伐の構想を継承しているのです。

しかし、姜維が大軍を動かそうとすると、費禕がそれを抑え、一万人以上の兵を与えなかったといいます。費禕は、「われらは丞相《じょうしょう》（諸葛亮）に遙《はる》かに及ばない。その丞相ですら、中原《ちゅうげん》の地を平定することはできなかった。僥倖《ぎょうこう》を頼んで一戦で勝敗を決しようなどと考えてはならない」と述べて、姜維に出征を慎むよう諭していました。姜維の意見は異なります。「蜀漢が国力の回復に努めれば、地力に勝る曹魏は、さらに国力を増すはずである。そうなれば勝ち目はない。一時の安逸をむさぼるべきではなく、決戦を挑むべきである」と。そう考えていた姜維は、費禕が死去すると、連年のように曹魏への進攻を始めていきます。ただ、その進攻は孤独なものとなります。

❻北伐を繰り返す

費禕が死去した延熙《えんき》十六（二五三）年、姜維は武都郡《ぶとぐん》より石営《せきえい》に出て、董亭《とうてい》を経て南安郡《なんあんぐん》を包囲しましたが、魏の雍州刺史《ようしゅうしし》の陳泰《ちんたい》の援軍が到着したので、撤退しています。翌年、再び隴西《ろうせい》に出兵し、狄道《てきどう》を守備する李簡《りかん》を降服させて、襄武《じょうぶ》を包囲し、魏の徐質《じょしつ》を討ち取っています。そして、河関《かかん》・狄道・臨洮《りんとう》の三県の住民を蜀に移住させて、帰還しました。

延熙十八（二五五）年、車騎将軍《しゃきしょうぐん》の夏侯覇《かこうは》とともに狄道に出陣し、洮水《とうすい》の戦いで、魏の雍州刺史である王経《おうけい》を撃破し、狄道城《てきどうじょう》に王経を包囲するに至りました。しかし、陳泰が救援に駆けつけたので、包囲を解いて退却します。翌年、大将軍に昇進すると、鎮西大将軍《ちんせいだいしょうぐん》の胡済《こせい》と上邽《じょうけい》で合流して魏と戦う手筈でしたが、胡済が来なかったため、魏の鄧艾《とうがい》に大敗を喫し、多数の戦死者を出しました。これにより、人々から怨嗟《えんさ》の声が大きくなり、姜維は自ら降格を願い出て、後将軍《こうしょうぐん》となっています。蜀漢の内部には、当初から北伐への反対論が根強く存在しました。姜維の北伐には、諸葛亮のような配慮がなかったためです。諸葛亮は、北伐の前に南征を行い、軍に必要な資材を整え、益州が疲弊しないように努力しました。しかし、姜維は亮に及びません。そこまでの配慮も行政能力も持ち合わせていなかったのです。

また、涼州名士の姜維には、蔣琬や費禕のような荊州名士からの支持はありませんでした。姜維は次第に政権内で孤立していきます。

しかも、姜維はこの後も北伐を繰り返したので、怨嗟《えんさ》の声はやまず、陳寿《ちんじゅ》の師である譙周《しょうしゅう》は、『仇《きゅう》国論《こくろん》』を著《あらわ》して、姜維を批判しました。また、宮中では宦官《かんがん》の黄皓《こうこう》が権力を得て、右大将軍《ゆうだいしょうぐん》の閻《えん》宇《う》と結託して、姜維の追い落としを画策していました。姜維もそれを察して、二度と成都《せいと》に帰還しな

表二　蜀漢政権における荊州名士の多さ

録尚書事	諸葛亮（徐州）	221年～
	蔣　琬（荊州）	235年～
	費　禕（荊州）	243年～
	姜　維（涼州）	247年～
平尚書事	馬　忠（益州）	244年～
	諸葛瞻（徐州）	261年～
	董　厥（荊州）	261年～
尚書令	法　正（司隷）	219年～
	劉　巴（荊州）	221年～
	李　厳（荊州）	222年～
	陳　震（荊州）	227年～
	蔣　琬（荊州）	234年～
	費　禕（荊州）	235年～
	董　允（荊州）	244年～
	陳　祇（豫州）	251年～
	董　厥（荊州）	259年～
	樊　建（荊州）	261年～
尚書僕射	李　副（益州）	229年～
	姚　伷（益州）	238年～
	董　厥（荊州）	242年～

くなります。

炎興元《えんこう》（二六三）年、姜維は、「魏に侵攻の兆しがあるので、守りを固めるように」と劉禅《りゆうぜん》に上奏しましたが、黄皓は巫女《みこ》の占いを信じて、聞き入れませんでした。ついに、魏の武将である鄧艾《とうがい》・鍾会《しようかい》に率いられた軍が、蜀漢へと侵攻します。

姜維は剣閣《けんかく》で鍾会を防ぎ続けましたが、鄧艾が陰平郡《いんぺいぐん》から侵入し、緜竹《めんちく》で諸葛亮の子諸葛瞻《しよかつせん》を撃破します。成都を脅かされた劉禅は降服し、姜維に勅命を下して武装解除を命じました。将兵はみな怒りのあまり、刀で石を叩き断ったといいます。無念のほどが窺《うかが》える逸話です。

❻ 最後のチャンスに賭ける

その後、姜維は鍾会に厚遇されますが、それを利用して姜維は最後のチャンスに賭けました。鍾会をそそのかして、成都で独断専行している鄧艾を罪に陥れ、護送車で洛陽に召還させます。そして、魏の諸将を次々と殺し、最後は鍾会を殺して蜀を復興しようとしたのです。

『華陽国志《かようこくし》』によれば、姜維は劉禅に、「今しばらくの辛抱です。再び蜀を復興させてみせます」との密書を送っていました。成都に到着した鍾会は、魏への反旗を翻し、姜維に五万の兵を与えて、魏への先鋒を務めさせようとしました。ところが、同調しない魏の兵士たちによって、姜維は鍾会ともども殺されます。

姜維は、死んだときに腹を裂かれましたが、取り出された胆《きも》は、一升枡ほどの大きさがあったといいます。

第四章

江東を駆け抜ける

新天地を切り開いた武将たち

呉

孫《そん》堅《けん》

孫《そん》策《さく》

孫《そん》権《けん》

孫《そん》晧《こう》

黄《こう》蓋《がい》

太《たい》史《し》慈《じ》・周《しゅう》泰《たい》

甘《かん》寧《ねい》・淩《りょう》統《とう》

轟く武名

周瑜との友情

名士政権の行く末

亡国の君主の憂鬱

火攻め

信頼関係を貫く

命をかける

孫《そん》堅《けん》

轟く武名

呉

孫《そん》堅《けん》

（一五六〜一九二年）

字《あざな》は文台《ぶんだい》。呉郡《ごぐん》富春県《ふしゅんけん》の人。十七歳のとき、海賊退治で名をあげる。朱儁《しゅしゅん》の配下として黄巾《こうきん》を討ち、長沙《ちょうさ》太守として区星《おうせい》の乱を平定した。反董《とう》卓《たく》連合軍が結成されると、陽人《ようじん》の戦いで華雄《かゆう》を斬る活躍を見せる。しかし、名士を傘下におさめなかったため、根拠地を保有できず、兵糧や軍勢を袁術《えんじゅつ》に依存していた。そのため、袁術の命で劉《りゅう》表《ひょう》を討ち、不慮の戦死を遂げる。演義《えんぎ》では、孫堅が斬った華雄は、関羽《かんう》に汜水関《しすいかん》で斬られたことになっている。

（『三国志』巻四十六 孫破虜伝）

⑤漢室への忠義

孫堅《そんけん》は、字《あざな》を文台《ぶんだい》といい、呉郡富春県《ごぐんふしゅんけん》の人です。代々呉郡で役人を出した家柄であり、挙兵時も末弟の孫静《そんせい》のほか、甥の孫賁《そんふん》も兵を率いて参加しているので、孫氏は県レベルの豪族であったと考えてよいでしょう。しかし、「顧《こ》・陸《りく》・朱《しゅ》・張《ちょう》」という呉郡を代表する豪族である「呉《ご》の四姓《しせい》」が、呉郡太守の属吏にあわせて数百人を送り込んでいたことに比べれば、孫氏は弱小な豪族であり、その台頭はひとえに孫堅の武力によります。

十七歳のとき、一人で海賊を討伐して、早くも頭角を現した孫堅の武勇は、黄巾《こうきん》の乱が起きると一層際立ちました。左中郎将《さちゅうろうしょう》の皇甫嵩《こうほすう》と並んで右中郎将《ゆうちゅうろうしょう》として黄巾を討伐した朱儁《しゅしゅん》は、上表して孫堅を自分の配下の佐軍司馬《さぐんしば》とします。朱儁は、呉郡の隣である会稽郡《かいけいぐん》の出身でした。孫堅の武勇は、呉郡を越えて会稽郡にまで聞こえていたのでしょう。孫堅は、朱儁と力をあわせて黄巾と戦い、向かうところ敵なしの活躍をします。朱儁は、それを詳しく上奏し、孫堅は別部司馬《べつぶしば》に任命されたのです。

涼州《りょうしゅう》で辺章《へんしょう》と韓遂《かんすい》が反乱を起こすと、董卓《とうたく》がその鎮圧にあたりましたが、何の成果もあげられませんでした。そこで、後漢《ごかん》は張温《ちょうおん》を車騎将軍《しゃきしょうぐん》として討伐に派遣しますが、張温は上奏して孫堅を参軍《さんぐん》に任命します。孫堅は、不遜な態度で張温に接する董卓を、軍法に照らして斬ることを進言しましたが、張温は決断できませんでした。そののち、孫堅は区星《おうせい》が反乱を起こしている長沙《ちょうさ》の太守に任命されます。孫堅は、自ら軍を率いて区星を鎮圧するだけではなく、反乱に苦しむ隣の零陵郡《れいりょうぐん》・桂陽郡《けいようぐん》にも討伐に赴《おもむ》き、三つの郡を完全に平定したのでした。

董卓が朝政を牛耳《ぎゅうじ》り、多くの州郡で反董卓の義勇軍が組織されると、孫堅は再び兵をあげ、荊州刺史《けいしゅうしし》の王叡《おうえい》を殺害し、南陽太守《なんようたいしゅ》の張咨《ちょうし》も斬殺して軍を進めました。王叡はかねてより、武官の孫堅を軽んじていたのです。王叡の甥は西晋《せいしん》の太保《たいほ》（最高官の一つ）となる王祥《おうしょう》であり、「琅邪《ろうや》の王氏」（書家の王羲之《おうぎし》を出すことでも有名です）は、六朝《りくちょう》を代表する貴族に発展する名門です。こうした名士からみれば、孫堅は単なる武官で尊重するには足りなかったのです。孫氏の社会的地位の低さを理解することができます。それとともに、孫堅が名士とは関係なく、自分の武力に基づいて台頭していく様子もみることができるでしょう。

董卓との戦いでは、盟主の袁紹《えんしょう》をはじめ、多くの群雄が董卓との戦いを怠ったことに対して、孫堅は陽人《ようじん》の戦いで董卓を大破し、董卓の都尉《とい》であった華雄《かゆう》の首を斬りました。董卓は孫堅の勇猛を憚《はばか》って和議を望み、孫堅の子弟を希望のまま州郡の長官にすることを条件としましたが、孫堅は耳も貸しません。董卓が洛陽《らくよう》を焼き払い漢室の陵墓を盗掘したのち長安《ちょうあん》に遷都すると、孫堅は陵墓を修復して、漢室への忠義を尽くしたのでした。

❻袁術への依存

孫堅は、義勇軍を起こす際、軍を運用するための経済力がなかったので、それを「四世三公」の家柄である袁術《えんじゅつ》に仰ぎました。孫堅は、袁術の部将として董卓と戦ったのです。孫堅が華雄を斬ったときに、妬《ねた》みより孫堅と袁術の間を裂く者があり、袁術は孫堅を疑って兵糧を送らなくなりました。孫堅は夜を継いで駆けつけ、袁術に、「わたしがわが身を投げ出して顧みないのは、上は国家のために賊徒を討伐し、下は将軍の家門の仇《あだ》（袁氏は太傅袁隗《えんかい》をはじめ一族が董卓に殺害されています）を報じるためです。それなのに、将軍は陰口を信じて、わたしを疑うのですか」と訴えています。袁術は返す言葉もなく、直ちに兵糧を手配しました。孫堅が経済的に袁術に依存していることがよく分かります。

反董卓連合が分裂すると、袁紹と袁術との対立が表面化してきました。袁紹と袁術という「二袁《にえん》」の力は、群雄のなかでも抜きん出ていたのです。袁術は孫堅に、袁紹派の劉表《りゅうひょう》を攻撃することを命じます。孫堅は、劉表の部将黄祖《こうそ》との戦いの際に、矢を受けて卒《しゅっ》しました。三十七歳、疾風のような生涯でした。

❻孫氏政権の基盤

孫堅の死後、その集団は袁術に帰属しました。挙兵時より従っていた孫賁《そんふん》も、孫堅の義弟である呉景《ごけい》も、興平《こうへい》二（一九五）年に、孫堅の子の孫策《そんさく》が渡江するまで、袁術の属将として曲阿《きょくあ》に居住しており、孫堅の死によって孫氏の集団が、袁術に吸収されたことが分かります。

それでは、孫堅は、その子たちに何も残せなかったのでしょうか。約四百年続いた漢の正統王朝としての権威はなお強く、三国の樹立者は、漢の再興を掲げた劉備《りゅうび》も、献帝を擁立し続けた曹操も、「漢への忠義」を大義名分として掲げていました。他方、袁術や袁紹のように、漢に代わる国家の樹立を早いうちから掲げた勢力は、自滅しています。漢のために董卓と戦い、漢帝の陵墓を整えた、孫堅の「漢への忠義」に貫かれた一生は、孫策に袁術から自立する正統性を与えただけではなく、孫氏が江東に自立勢力を形成していく際の大義名分となったのです。

また、孫堅の遺産として、孫氏を支える軍事集団をあげることもできます。孫堅の死後、その集団は袁術に吸収され、求心力を失ったはずでした。事実、孫堅の故《こ》吏《り》であった桓楷《かんかい》は、新任の長沙太守の張羨《ちょうせん》には、曹操に与《くみ》することを勧め、やがて自らは曹操の辟召《へきしょう》に応じて、曹魏政権に参加しています。しかし、程普《ていふ》・韓当《かんとう》・朱《しゅ》治《ち》・黄蓋《こうがい》・呉景《ごけい》・孫河《そんか》といった孫堅の部将たちは、集団崩壊の後にも、孫氏への忠誠を貫き通しました。赤壁《せきへき》の戦いの際にも、張昭《ちょうしょう》らの降服論が圧倒的ななかで、周瑜《しゅうゆ》の指揮下、曹操との決戦の主力となった者は、これら孫堅以来の軍事集団でした。これが、孫氏の軍事的基盤となったのです。

さらに、孫堅の生き方が、揚州《ようしゅう》一の名門である周氏との結合関係を生んだことも大きな遺産でした。孫堅の転戦中、家族は寿春《じゅしゅん》に居住していましたが、盧江《ろこう》の周瑜の勧めによって舒県《じょけん》に移住しました。周瑜は、揚州盧江郡舒県の出身ですが、盧江の周氏は、後漢の揚州を代表する家柄の一つで、周瑜の従祖父の周景《しゅうけい》・従父の周《しゅう》忠《ちゅう》は、ともに後漢の最高官である太尉《たいい》にまで昇り詰めています。

自分と同じ年である孫策の評判を聞いた周瑜は、自ら舒より寿春を訪れて、意気投合した孫策に、家を舒に移すように勧めました。周瑜は、道の南の大きな家に孫策を住まわせ、策の母にも面会をし、有無相通じて暮らしたといいます。

揚州に名声を有する周氏としては、自分の揚州における規制力を維持するために、武力を有する新興の孫氏と結合関係を持つことは有利なことでしょう。また、武力だけに頼って台頭した新興勢力の孫氏にとって、盧江の周氏の持つ揚州における名声は、覇権の確立にとって重要な役割を果たすことになります。これが孫氏の政治的基盤となりました。

こうして孫堅は、漢を復興するために戦うという大義名分と、孫氏と強い結合関係を持つ譜代の臣下という軍事的基盤と、周氏という揚州を代表する名士を腹心に持つことにより「呉の四姓」にも対抗しうる政治的基盤を残したのです。これらの遺産を元手に、孫策《そんさく》・孫権《そんけん》兄弟は、孫呉政権を樹立していくのです。

孫《そん》策《さく》

周瑜との友情

呉

孫《そん》策《さく》

（一七五～二〇〇年）

字《あざな》は伯符《はくふ》。孫堅《そんけん》の長子。父の死後、集団を受け継いだが、袁術《えんじゅつ》の命で廬江太守《ろこうたいしゅ》の陸康《りくこう》を攻め、その一族を殺害して、江東名士《こうとうめいし》の中心である陸《りく》氏と決定的な対立関係を持つに至る。のち、袁術から独立して周瑜《しゅうゆ》と合流し、揚州刺史《ようしゅうしし》の劉繇《りゅうよう》を破って、江東における孫呉の基盤を築いた。しかし、江東の名士と対立関係にあったため、支配は安定せず、自らが殺害した許貢《きょこう》の食客《しょくかく》におそわれ落命した。演義《えんぎ》では「江東の小覇王《しょうはおう》」と、覇王項羽《こうう》に準《なぞら》えられている。

（『三国志』巻四十六 孫討逆伝）

江東の小覇王

孫策《そんさく》は、字《あざな》を伯符《はくふ》といい、孫堅《そんけん》の長子です。孫策は、一族も集団も袁術《えんじゅつ》に取り上げられたなかで、父の旧臣である呂範《りよはん》・孫河《そんか》、および舅《しゅうと》の呉景《ごけい》の協力で得た数百人の召募兵を率いて孫堅の後を嗣《つ》ぎます。しかし、ここで反乱軍の襲撃にあい、全滅に近い打撃を受けます。そこで、やむなく袁術の部下となると、袁術は孫堅の部下約千人を孫策に返してくれました。その代わりに利用されます。太守《たいしゅ》への就任を約束に、孫策は九江郡《きゅうこうぐん》・廬江郡《ろこうぐん》を攻略しました。しかし、いずれも太守に任命されたのは、袁術の部下であり、孫策は袁術にいいように使われるばかりでした。

しかも、孫策が攻撃した廬江太守の陸康《りくこう》とは因縁がありました。江東《こうとう》に拠点を持ちたい孫策は「呉《ご》の四姓《しせい》」の筆頭である陸康を訪問したのですが、陸康は自ら会おうともせず、部下に応対させました。孫策は、つねづねこれを恨みに思っていたのです。父の孫堅は「呉の四姓」を尊重し、陸康の甥から救援を頼まれた際に、躊躇《ちゅうちょ》なく軍を進めています。それなのに、という孫策の気持ちは当然でしょう。ゆえに孫策は、容赦なく陸康を攻撃し、廬江郡を攻略するだけでなく、陸康一族の大半を殺害しました。これにより、陸氏をはじめとする江東の名士は、孫策に対して抜き差しならない感情を持つに至ったのです。それにも拘《かかわ》らず、孫策が江東を支配できた大きな理由の一つには、周瑜《しゅうゆ》の存在がありました。

父孫堅の活躍を認めて自ら会いに来てくれた周瑜は、「呉の四姓」とはレベルの異なる名士《めいし》でした。父と祖父の世代に三公を輩出している「二世三公《にせいさんこう》」は、揚州随一の家柄で、洛陽《らくよう》からの情報も入ってくるからです。周瑜が「周郎《しゅうろう》（郎はおぼっちゃまという意味）」と呼ばれるのは、このためです。しかし、周瑜と合流するために、孫策は袁術と別れる必要がありました。

袁術は本来、南陽郡《なんようぐん》を拠点としていましたが、曹操《そうそう》に敗れたため、揚州《ようしゅう》の寿春《じゅしゅん》を占領しました。揚州の州都は寿春に置かれていたのですが、袁術が寿春を占拠したので、揚州刺史《ようしゅうしし》の劉繇《りゅうよう》はやむなく長江《ちょうこう》を渡り、曲阿《きょくあ》を拠点に袁術に抵抗していました。そのころ孫策の舅である呉景は丹楊郡《たんようぐん》を支配し、従弟《いとこ》の孫賁《そんふん》も丹楊都尉《とい》として郡の軍事を握っていましたが、ともに劉繇に追い払われてしまいました。袁術は劉繇と戦っていましたが、何年も勝てないでいました。そこで、孫策は「呉景たちに加勢して江東の平定にあたりたい」と申し出たのです。孫策の率いる兵は、千余人に過ぎませんでしたが、意気揚々と歴陽《れきよう》に軍を進めました。

孫策が江東の平定に出発したことを聞いた周瑜は、兵を率いて孫策の配下に入りました。かつて、住まいを舒《じょ》に移した孫策に、周瑜が大きな家を用意して、経済的に援助しながらともに暮らした時期がありました。それ以来の再会となります。

興平《こうへい》二（一九五）年、長江を渡った孫策は、牛渚《ぎゅうしょ》を攻略します。こうして長江南岸に拠点を得た孫策は、長江にそって東に進み、劉繇の本拠地である曲阿《きょくあ》をめざしたのです。しかし、秣陵《まつりょう》の南に布陣した笮融《さくゆう》を攻め、薛礼《せつれい》を包囲している間、孫策は、劉繇の別動隊である樊能《はんのう》に牛渚を占領されてしまいました。直ちにひき返した孫策は、樊能を破って牛渚を奪回し、また戻って笮融を攻めます。流れ矢に当たり負傷もしましたが、かえってそれを利用して笮融をおびき出し、勝利をおさめました。この戦いを境に劉繇の勢力は弱体化し、孫策は江東支配の基礎を築くことができたのです。

江東の覇者となる

華北《かほく》の人が馬を得意とすることに対して、江東の人は船を得意とします。孫策の父孫堅《そんけん》は、もともと長江の賊討伐で名声をあげました。孫策もまた長江を自由に渡り、軽快に移動することによって、山東《さんとう》半島の北部出身、つまり川に慣れない劉繇《りゅうよう》を圧倒したのです。のち、弟の孫権《そんけん》のときに、赤壁《せきへき》の戦いで曹操を破ったのも、長江における水軍《すいぐん》の戦いが中心であったためでしょう。敗れた曹操は、北方に戻ったあと、玄武池《げんぶち》をつくり水軍を調練して、江東での戦いに備えました。それほどまでに、北方に比べて南方の人は、船での戦いに習熟していたのです。南船北馬《なんせんほくば》とは、こうした中国の北方と南方の違いを端的に表現する四字熟語です。

董卓《とうたく》はかつて、袁紹と袁術の「二袁児《にえんじ》」を倒せば、天下を支配できると語っていました。袁術は、「袁紹―劉表《りゅうひょう》―曹操」と「袁術―公孫瓚《こうそんさん》―孫堅（孫策）」という、二大勢力の一方の旗頭なのでした。袁術の正統性は、「四世三公《しせいさんこう》」の家柄にありました。ゆえに勢力拡大の際にも、三公の子弟などの高級官僚家ばかりを誘っていました。江東の弱小豪族に過ぎない「孫堅―孫策」が見下されたわけです。やがて、自分の家柄を過信した袁術は、皇帝を僭称《せんしょう》するに至ります。しかしこの行為は、正統性を漢の高級官僚であったことにおく袁術が、正統性の源である漢を奪うことになりますので、完全に矛盾しています。孫策は、矛盾を厳しく指摘した決別状を送って自立しました。孫呉政権誕生への第一歩でした。

建安《けんあん》二（一九七）年、袁術が曹操に敗れて、その二年後に死去すると、その一族は廬江郡《ろこうぐん》の劉勲《りゅうくん》を頼ります。そのころ孫策は、劉繇を撃破して江東の郡県をつぎつぎと支配下におさめていました。袁術の一族や遺臣を吸収した劉勲に、孫策は罠《わな》を仕掛けます。「いったん和平を結ぶので、賨民《そうみん》（という異民族）から食糧を徴発してはどうか」と提案したのです。集団の膨張による食糧難に苦しんでいた劉勲はこの話に飛びつき、軍勢を率いて賨民の支配に向かいました。その隙に、孫策は劉勲の本拠地である皖城《かんじょう》を攻め落としたのです。劉勲は西塞山《せいさいざん》にたてこもり、荊州牧《けいしゅうぼく》劉表の部下の黄祖《こうそ》に救援を求めます。しかし、黄祖の派遣した水軍も、孫策によってたちまちのうちに撃破され、劉勲は曹操を頼って敗走しました。こうして劉繇、劉勲および袁術の残党を破った孫策は、江東の覇者となったのです。

弟に後を託す

建安五（二〇〇）年、曹操と袁紹が官渡《かんと》で対峙《たいじ》した際、孫策は曹操の拠点である許《きょ》を襲って献帝《けんてい》を迎えようと、ひそかに準備していました。その矢先に、かつて殺害した呉郡太守の許貢《きょこう》の部下により暗殺されます。二十六歳、悔やまれる最期でした。臨終の際、弟の孫権に、「軍勢を動員し、天下の群雄たちと雌雄を決するということでは、お前はわたしに及ばない。しかし、賢者の意見を聞き、才能のある者を用いて、江東を保っていくということでは、お前の方がわたしよりも優れている」と言い残します。陸康を直接手にかけた自分への江東の人々の反発を最期まで気に病んでいたことが分かるでしょう。

孫策の死後、孫権が後を嗣《つ》ぐと、江東の本格的な支配のため、政権に名士を積極的に取り込みます。ことに孫権を軍事と政治の両面から支えた周瑜・張昭《ちょうしょう》という二人の名士の呼びかけにより、孫策のときには政権との距離を保っていた諸葛瑾《しょかつきん》や魯粛《ろしゅく》・歩騭《ほしつ》といった北来名士が出仕するようになりました。こうして孫呉政権は、孫策の武名に依存する集団から、揚州名士の周瑜と張昭ら北来の名士とが支える政権へと変貌したのです。

こうしたなか、江東名士を代表する呉郡の陸遜《りくそん》が出仕します。陸遜は、陸康一族の生き残りでした。それが孫権に出仕して孫策の娘を娶《めと》ることは、孫氏と江東名士の和解の象徴といえます。こうした両者の妥協と協力関係のうえに、孫呉政権は、江東支配の基盤を置いていたのです。

孫《そん》権《けん》

名士政権の行く末

呉

孫《そん》権《けん》

（一八二～二五二年）

字《あざな》は仲謀《ちゆうぼう》。十九歳で兄の孫策《そんさく》の後を嗣《つ》いだ。武力により江東《こうとう》を抑えようとした兄の路線を変更して、周瑜《しゆうゆ》・張昭《ちようしよう》などの名士《めいし》を中心に据える集団に変容させた。そのため、江東の名士である陸遜《りくそん》が出仕し、安定した政権を築きあげた。しかし、赤壁《せきへき》の戦いの際、抗戦を唱えた周瑜・魯粛《ろしゆく》・呂蒙《りよもう》らが死去し、降服を主張した張昭の力が強くなってからは、君主権力の伸長をはかり、二宮《にきゆう》事件と呼ばれる後継者争いを引き起こし、陸遜を憤死させた。演義《えんぎ》はこれに触れない。

（『三国志』巻四十七 呉主伝）

☯ 赤壁を前に

孫権《そんけん》は、字《あざな》を仲謀《ちゅうぼう》といい、十九歳で兄の孫策《そんさく》の後を嗣《つ》ぎました。陸遜《りくそん》の出仕によって、政権に安定感が増していたころ、北方から危機が迫っていました。袁紹《えんしょう》を破って華北を統一した曹操《そうそう》が、荊州《けいしゅう》に進出し、たまたま死去した劉表《りゅうひょう》の次子劉琮《りゅうそう》を降服させて襄陽《じょうよう》を確保しました。ついで曹操は、江東《こうとう》に拠る孫権にも、帰順を要求する書簡を出してきたのです。

臣下の間では、張昭《ちょうしょう》・秦松《しんしょう》などの北来の名士《めいし》を中心に、曹操に帰順すべきであるという意見が盛んでした。その理由は、魯粛《ろしゅく》が孫権に、「わたしは降服して曹操を迎えれば、曹操が郷里の名声に基づいてそれなりの官職に就けてくれますが、将軍（孫権）にはそれはできません」と述べている言葉に明らかです。荊州が曹操の支配下に収められたとき、降服を主張した荊州名士は、曹操政権でそれなりの処遇を受けました。張昭ら北来の名士は、自分が持つ名声に加え、孫権を降服させるという功績を積めば、曹操からの厚遇を期待できたのです。

これに対して、孫策との友情を機に孫氏と結びついた周瑜《しゅうゆ》は、孫権を支えて主戦論を説きます。それを支えたものが魯粛の戦略でした。孫権と初めて会ったとき、魯粛は、「将軍にとって最良の計は、江東の地を足場に天下を三分し、皇帝を名乗ってから、中国全体の支配へと進むことです」と言い切っています。魯粛は、漢の復興にこだわらず、孫権自身が即位することを主張していたのです。したがって、魯粛の戦略は現実的でした。「曹操は強く、漢は復興できないので、江東を拠点に天下を三分する状況をつくりだし、天下の変を待つべきである。そのためには劉備《りゅうび》が必要なのです」。魯粛は、孫権に勧めて、劉備の使者である諸葛亮《しょかつりょう》と会見させ、劉備との同盟を推進していきます。

こうしたなか、周瑜《しゅうゆ》の主戦論により孫呉の世論は決しました。周氏の揚州《ようしゅう》における名声により、反対論を押し切ったのです。周瑜が、孫呉の主力軍を率いていたことも大きいでしょう。しかし、孫呉の世論が周瑜に従った理由は、周瑜が揚州随一の名門の貴公子であったことによります。揚州における周氏の名声は高く、周瑜はこれに基づき、自分の施策を円滑に実現することができたのです。前述したように、「曲に誤りあれば周郎（周瑜）が振りむく」といわれる音楽的センスを持っていた名門周氏の貴公子は、孫呉の世論を決戦へと導き、自ら軍を率いて赤壁に向かい、曹操を破りました。これにより、孫権の君主権は確立したのです。

☯周瑜の後継者

周瑜の戦略は、魯粛の「天下三分の計」とは異なり、伝統的な天下統一策でした。したがって、赤壁《せきへき》で曹操を撃退すると、周瑜自らが益州《えきしゅう》の劉璋《りゅうしょう》を打倒し、馬超《ばちょう》と結んで長安《ちょうあん》に進出する一方で、孫権は江東の軍を率いて攻め上がり、曹操を挟撃すべきであると考えていました。そのための第一歩として益州侵攻を準備している最中、周瑜は後事を魯粛に委ねて病没しました。三十六歳でした。

孫権にとって、周瑜はかけがえのない臣下でした。陸康《りくこう》を滅ぼしたため江東名士との関係が必ずしもよくない孫氏が、江東を支配するためには、揚州を代表する名士周瑜の存在が、大きな意味を持っていました。君主の孫権を臣下がさほど尊重しないなかで、周瑜だけが率先して敬意を払ったため、呉では君臣間の上下関係がようやく確立した、といわれています。

もちろん、周瑜が評価する魯粛の能力が低いわけではありません。ことに、その戦略眼は周瑜をも上回るものがありました。赤壁の戦いで働かなかった劉備が荊州南部を領有することを、劉備が拠点を得るまで荊州を貸す、という論理により、呉の内部に納得させたのも魯粛でした。したがって、劉備が益州を領有すると、孫権は、荊州南部の返還を要求します。魯粛は、単独で関羽《かんう》と会見し、荊州の領有権を主張する関羽を論破しています。ちなみにこの交渉は、京劇《きょうげき》や『三国志演義《さんごくしえんぎ》』では、関羽が魯粛を圧倒する「単刀会《たんとうかい》」という見せ場になっています。しかし、史実では、会見ののち、劉備が湘水《しょうすい》以東の荊州を孫呉に返還して問題を解決していま す。孫呉のなかに渦巻く反対論を押しきり、荊州を貸してくれた者が魯粛であったことを、当事者の劉備や関羽はよく理解していました。荊州を命に替えて守ろうとした関羽ですら、理路整然と荊州の返還を要求する魯粛の主張を、否定することはできなかったのです。

ところが、周瑜に続いて、その魯粛が病没してしまいます。後事は、魯粛が評価した呂蒙《りょもう》に任されますが、呂蒙は魯粛のような長期的視野を持ってはいませんでした。関羽を破って荊州を奪回する機会を窺い続けます。関羽が樊城《はんじょう》に曹仁《そうじん》を攻めると、魏と同盟を結び、背後から関羽を攻撃して荊州を奪回したのです。確かに荊州は戻ってきました。しかし、情の人劉備を敵に回したのです。劉備は関羽の仇討ちのため猛然と攻め寄せてきます。それ以前に呂蒙も病気で亡くなります。演義は、神となった関羽の祟《たた》りと説明しています。

劉備を迎え撃った者は、陸遜《りくそん》でした。しかし、孫呉の各軍団を指揮していた者は、孫策以来の将軍や孫氏一族であったため、陸遜をあなどり自分勝手な行動をとりました。陸遜は、剣に手をかけ、「劉備は天下に名を知られ、曹操ですら恐れ憚《はばか》る者である。容易ならぬ敵と接しているのに、心を合わせて戦わないとは言語道断である」と一喝しました。こののち夷陵《いりょう》の戦いで劉備を破った計略が、すべて陸遜から出たものであったため、部将はようやく陸遜に心服したといいます。「呉《ご》の四《し》姓《せい》」の陸氏出身であるが故に、陸遜は周瑜のように、名声によって他の部将を従わせることができませんでした。周氏が揚州を代表する名士であることに対して、陸氏は呉郡の名士に過ぎません。しかも「呉の四姓」は、君主の孫氏と対峙《たいじ》していました。このため、軍部はなかなか陸遜に心服しなかったのでしょう。

張昭との対峙

劉備を撃退した孫権は、曹魏との関係も断って自立します。孫権が丞相《じょうしょう》を置こうとすると、臣下たちは当然のように張昭《ちょうしょう》を推《お》しました。しかし、孫権は、「丞相職は多忙であり、張昭を尊重することにはならない」という口実により、北来名士の孫邵《そんしょう》を丞相に任じました。現在、孫邵の伝記は史書に残されていません。それほどの冷たい視線を浴びたからでしょう。やがて孫邵が死去します。すると、臣下たちは再び張昭を候補にあげます。しかし、孫権は、「張昭が剛直で君主の意見に逆らう」ことを理由に、顧雍《こよう》を丞相とします。赤壁の際に降服論を唱えた張昭を丞相に任じては、君主の権力が軽んじられてしまいます。孫権は、臣下の世論に反して張昭を丞相に任命しないことにより、名士の自律的な秩序に従わなかったのです。君主の人事権に名士が介入できないことを見せつけて、周瑜・魯粛亡きあと弱体化していた君主権力の建て直しを目指していたといえましょう。

黄龍《こうりゅう》元（二二九）年、孫権は皇帝に即位すると、臣下を呼び集めた席で、「自分が帝位に就けたのは周瑜のおかげである」と語りました。張昭も周瑜の功績をたたえる意見を述べようとしましたが、張昭が口を開く前に孫権は、「もし張公（張昭）の計に従っていたならば、今ごろは人から食物を恵んでもらっていたであろう」と言い放ちます。張昭は床に突っ伏して恥じ入りました。ここまで言われる張昭が、孫呉の臣下の支持を受け、丞相に推され続けた理由はどこにあるのでしょう。張昭は、孫権の虎狩りに諫言したり、バカげた酒宴をボイコットして中止させたりしています。また、曹魏の使者の無礼を圧倒し、周《しゅう》・漢を模範に孫呉の朝廷の儀礼を整えていきます。こうした張昭の名士としての儒教を中核にすえた生き方に、自分の模範を見る孫呉の臣下の支持が、君主と対峙する張昭の生き方を支えていたのでしょう。

張昭への支持に象徴される名士の自律性に対して、孫権は攻撃を加えていきます。曁艶《きえん》事件は、その最たるものです。曁艶は呉郡の出身で、同じく呉郡の名士の張温《ちょうおん》に請われて、人事を担当しました。曁艶は、張温の下で人物評価を行い、名士の価値基準にそぐわない人士を貶《おとし》めたのです。なかでも孫権が寵愛していた非名士は、ことごとく降格させられました。これが孫権には、曁艶を使った恣《し》意的な人事に感じられました。本来、君主に属すべき人事権を専《もっぱ》らにする行為と受け取れたのです。このままでは、君主の官僚支配が貫徹しません。ゆえに孫権は、張温の私的名声が高まることを嫌い、曁艶の横暴を口実に張温を失脚させました。張温は、張昭から将来を嘱望された名士だったのです。しかし、このときにも、孫権は張昭そのものを貶めることはできませんでした。

また、あるとき、曹魏に圧迫されていた遼東《りょうとう》の公孫淵《こうそんえん》が、孫呉に帰順を申し出たことがありました。孫権は、よろこんで公孫淵を燕王《えんおう》に封建しようとします。しかし、張昭は、「公孫淵は信頼できません」と主張し、頑強に反対しました。ところが孫権は、結局、同盟のための使者を派遣します。意見を無視された張昭は怒り、病気を理由に出仕しなくなりました。孫権はそれを恨み、張昭の家の門を土で塞ぎます。さらに怒った張昭は、門を内側から土で固めてしまい、決して出仕しない態度を示しました。公孫淵が使者を殺して、孫呉を裏切ると、自分の非を悟った孫権は張昭の家まで行って呼びかけますが、張昭は病気を理由に応じません。業《ごう》を煮やした孫権は、門に火をつけて張昭を脅かしますが、張昭はますます固く門を閉ざします。そうこうするうちに、君主を恐れる張昭の子息が、張昭を抱えて出てきたので、孫権は自分の馬車に乗せて宮中に戻り、張昭に深く謝罪したといいます。

この事件の最中、張昭に対して孫権は、「孫呉の臣下は、宮中に入るとわたしを拝しているが、外に出ると君を拝している。わたしは君をこれ以上ないほど尊重しているが、君はわたしを人前でしばしばやり込める。これでは、国を誤ることになるのではないか」と詰問しています。この言葉に、両者の対峙点は集約されます。ここで、孫権が問題としているのは、君主を中心とする孫呉国家の序列が、宮中では通用しても、社会では尊重されない点です。つまり、孫呉の臣下は、君主としての孫権の権力と名士としての張昭の権威を同列視しているのです。孫権は権力の強化に努めざるをえません。それが二宮《にきゅう》事件を招くのです。

☯二宮事件

孫権の皇太子である孫登《そんとう》は、孫権からも名士からも期待されていましたが、赤烏《せきう》四（二四一）年に死去しました。そこで、王夫人の子である孫和《そんか》が皇太子とされます。ところが、王夫人は孫権の娘である全公主《ぜんこうしゅ》と不仲であるため迫害され、全公主のために孫権の孫和への寵愛も衰えてしまいます。その後、孫和の同母弟である魯《ろ》王《おう》の孫覇《そんは》が、皇太子の地位を狙うようになりました。ここから二宮事件と呼ばれる、皇太子の孫和と魯王の孫覇との後継者争いが始まったのです。

丞相《じょうしょう》の陸遜《りくそん》は、名士の価値基準である儒教的理念に基づいて皇太子を正統とし、江東の名士も多くこれに賛同しました。しかし、魯王派は、孫権の寵愛を背景に強力でした。結局、孫権は、喧嘩両成敗の形をとって皇太子の孫和を廃位するとともに魯王の孫覇を殺害し、晩年の子である孫亮《そんりょう》を皇太子としたのです。

直接、後継者争いに関わりを持っていた太子太傅《たいしたいふ》の吾粲《ごさん》や朱拠《しゅきょ》、あるいは魯王派の楊竺《ようじく》は、孫権に責任を問われて殺されました。それだけではありません。孫呉を支えてきた丞相の陸遜は、甥の顧譚《こたん》・顧承《こしょう》や姚信《ようしん》たちが、みな皇太子の懐刀《ふところがたな》になっていた、と言いがかりをつけられました。孫権は、陸遜のもとに幾度も使者を送って、かれを責めたてたので、陸遜は憤《いきどお》りで体調を崩し、死去したのです。

二宮事件は、陸遜を筆頭とする江東名士に大きな打撃を与えましたが、その背景には、孫氏と江東名士との確執の根深さがあります。陸遜の死去は、江東名士に孫呉への失望感を与えるのに十分でした。孫権の君主権力強化策は失敗に終わり、孫呉はいつ滅亡してもおかしくない政権になり下がったのです。

孫《そん》皓《こう》

亡国の君主の憂鬱

呉

孫《そん》皓《こう》

（二四二～二八四年）

字《あざな》は元宗《げんそう》。孫呉最後の第四代皇帝。孫権《そんけん》の孫で、太子を廃された孫和《そんか》の子。即位当初は、後宮の女性を妻のない者に嫁《とつ》がせたり、中央軍を強化して遷都を行ったりと、積極的な政策を展開し、名君とも称された。しかし、君主権力強化の限界を知ってからは暴君に変貌。名士《めいし》を弾圧し、残虐行為を繰り返した。二八〇年に西晋に攻撃されると降服、帰命侯《きめいこう》に封建された。

（『三国志』巻四十八 孫皓伝）

期待された君主

孫晧《そんこう》は、字《あざな》を元宗《げんそう》といい、孫権《そんけん》の孫で、太子を廃された孫和《そんか》の子です。孫呉の第四代の、そして最後の皇帝となりました。孫晧の父である孫和が廃位された二宮《にきゅう》事件は、君主と名士《めいし》の双方が傷つき、国力を消耗させただけでした。孫権は、陸遜《りくそん》の子である陸抗《りくこう》に、「君の父にはすまないことをした」と二宮事件で陸遜を追い詰めたことを謝罪しています。君主権力を確立するため名士の抑圧をはかり、それに失敗して政権運営に腐心する孫権の姿を見ることができるでしょう。こうした国力の衰退と幼い孫亮《そんりょう》に不安を懐《いだ》きながら、孫権は嘉平《かへい》四（二五二）年に崩じます。

孫権の憂慮は的中しました。孫亮を補佐した諸葛恪《しょかつかく》の名士政権は、北伐の失敗により崩壊します。それを打倒した孫峻《そんしゅん》、およびそののち政権を握った孫綝《そんちん》は、名士に対峙的な政策をとり、これもまた批判を浴びます。孫綝を失脚させた孫休《そんきゅう》は、濮《ぼく》陽興《ようこう》を丞相《じょうしょう》に、丁固《ていこ》・孟仁《もうじん》を左右の御史大夫《ぎょしたいふ》に任命して政治を任せ、名士を尊重することで政権の安定をはかります。しかし、国際情勢は逼迫《ひっぱく》していました。孫呉の永安《えいあん》六（二六三）年に、蜀漢は曹魏により滅ぼされます。甘露《かんろ》元（二六五）年には、今度はその曹魏が西晋《せいしん》により滅ぼされました。その間の永安七（二六四）年に孫休は卒《しゅっ》します。すべての課題が孫晧《そんこう》へと持ち越されていたのです。

亡国の君主は、悪い話題に事欠きません。孫晧も、例外ではありません。名士の殺害と身分の卑しい者の寵用、官僚へのスパイを任務とする校事官《こうじかん》の設置などその悪行は枚挙にいとまがないほどです。しかし、『三国志』に注をつけた裴松之《はいしょうし》は、「これらは孫晧の悪事を誇張するために書かれている」と史料批判をしています。たしかに、即位前の孫晧は、文学的才能にあふれる有能な人物でした。

期待されて即位した直後も、宮女を妻のない者に嫁がせ、武昌《ぶしょう》に遷都して中央軍の強化をはかるなど、着々と中央集権化の施策を実行しています。どうして暴君となり、自ら滅亡を招いてしまったのでしょう。即位前の才気溢《あふ》れる孫晧と、即位後の「暴君」孫晧の姿には、腑《ふ》に落ちないほどの違いがあります。

☯暴君化への契機

暴君となった契機は、孫晧の即位を推進した名士の濮陽興《ぼくようこう》と張布《ちょうふ》を殺害したこととされています。国際情勢が危機を迎えるなかで、孫晧の展開するあからさまな君主権力の強大化政策は、名士から見れば、諸葛恪《しょかつかく》政権および孫休《そんきゅう》期に伸長した名士の既得権の侵害へと繋がる動きになるのです。したがって、孫晧が君主権力の強化のために、自分の権力の延長である宗室《そうしつ》と外戚《がいせき》を優遇すると、孫晧を擁立した名士の濮陽興と張布は反発し、即位への協力を後悔して孫晧を誹《そし》ったのです。これを契機に孫晧の君主権力の強化が暴力的に変貌していきます。

王蕃《おうばん》・楼玄《ろうげん》・賀邵《がしょう》など名士の殺害から始まり、寛治《かんち》への弾圧といった実り薄き君主権力の強化を繰り返し、後宮《こうきゅう》を充実させるため高級官僚や大臣の娘の自由な出嫁を許さないなど、暴君との呼称に相応《ふさわ》しい政治へと流れていくのです。ただし、孫晧の後宮充実策については、孫呉の有力な臣下の娘を後宮に迎えることを通じて個別的な結びつきを強めることが目的であった、との見解があります。簡単にいえば、大臣たちの娘を後宮に入れ、自分の親戚を増やして君主権力を拡張しようとした、と理解するのです。

しかし、そうした努力も空回《からまわ》りに終わってしまいます。たとえば、陸遜の子である陸抗《りくこう》は、孫権が謝罪したことに深く感じ入ったためか、懸命に孫呉を支えていました。西晋《せいしん》の国境を固める羊祜《ようこ》と互いに尊敬しあいながらも、孫呉に攻め込む隙を見せなかったのです。ところが、孫晧には、羊祜との良好な関係が許せませんでした。陸抗に対して、関係を説明するよう厳しく問い詰めます。すでに病が悪化していた陸抗は、羊祜との関係を弁明するとともに、荊州《けいしゅう》からの侵攻に備えることができる西陵郡《せいりょうぐん》の軍事的な重要性を説いて、その守備を増強することを要請しました。しかし、陸抗の上奏は聞き入れられず、鳳凰《ほうおう》三(二七四)年に、陸抗は病没します。

☯孫晧の思い

天紀《てんき》四(二八〇)年、陸抗が予想したとおり荊州から、そして蜀から長江に沿って西晋《せいしん》軍が攻め込んでくると、孫晧は降服し、呉は滅亡しました。

滅亡の際、孫晧が臣下に示した書簡のなかには、ここに至るまでの孫晧の思いが凝縮されています。そこには、身分の卑しい者や校事官《こうじかん》を寵用したことへの反省など、自らの悪行への謝罪が連ねられます。そして最後に臣下たちに心置きなく西晋に仕えるべきことを助言しています。「孫呉への忠誠心などを発揮せずに、新天地でその能力を十分に発揮してほしい」と。書簡には、才能を持ちながら君主権力の強大化のための手段がなく、名士のあり方も正確に理解できたがゆえに苦しむ、孫晧のやるせない気持ちがにじみ出ています。

実は、名士を弾圧しきれなかった者は、孫晧だけではありません。孫晧が「大皇帝」と尊ぶ孫権ですら、張昭を屈伏させられなかったのです。それほどまでに、名士は勢力を拡大し、君主は、もがいてもがいても権力を建て直すことはできませんでした。国家の滅亡を他人事《ひとごと》のように見つめる孫晧の醒《さ》めた視線の彼方《かなた》には、名士から変貌する貴族制が映し出されていたのです。

最後にエピソードを一つ。孫晧が降服してくると、西晋の武帝司馬炎《ぶていしばえん》の腹心である賈充《かじゅう》が、孫晧の行った残虐行為について尋ねました。すると、孫晧は、「君主を弑殺《しいさつ》するような、不忠な臣下に対する処置である」と答えています。賈充は、曹魏に仕えていたとき、臣下の司馬昭《しばしょう》に対して皇帝の曹髦《そうぼう》が武力で抵抗した際に、君主の曹髦を弑殺しています。西晋に対しては大忠臣である賈充も、曹魏に対しては皇帝を弑殺した、これ以上もない不忠な臣下なのです。「お前なんか虐殺されて当たり前だ」と、孫晧は答えたことになります。また、賈充が皇帝を弑殺したのは、司馬炎の父、司馬昭のためです。有り体《ありてい》にいえば、皇帝弑殺は司馬昭の責任なのです。賈充は自分の質問のために、自分のみならず、皇帝司馬炎の父をも侮辱されたわけですから、冷や汗ものだったでしょう。

西晋の歴史家である陳寿《ちんじゅ》は、孫晧伝の評で、「孫晧を殺さずに帰命侯《きめいこう》に封建したことは、武帝司馬炎の度を過ぎた寛大さである」と述べています。確かに寛大に過ぎたかも知れません。「お前の親は、皇帝を弑殺した不忠者だ」と言われたのに、帰命侯に封建したのですから。

同じ亡国の君主でも、劉禅《りゅうぜん》とはかなり出来が違うことは明らかであると思います。

黄《こう》蓋《がい》
火攻め
呉

黄《こう》蓋《がい》

（？〜？）

字《あざな》は公覆《こうふく》。零陵郡泉陵県《れいりょうぐんせんりょうけん》の人。孫堅《そんけん》の挙兵に従い、孫策《そんさく》・孫権《そんけん》の三代に仕えた。周瑜《しゅうゆ》の配下として赤壁《せきへき》の戦いに臨み、曹操《そうそう》の船団が密集していることを見て、火攻めを進言する。さらに、曹操に投降したいとの偽《にせ》の手紙を送って油断させ、火のついた軍船を突撃させて勝利をおさめた。演義《えんぎ》では、降服の際に「苦肉《くにく》の計」を行ったことが演出される。しかし、肝心の火攻めの献策をしたときには、すでに諸葛亮《しょかつりょう》と周瑜が決めていた策とされてしまっている。

（『三国志』巻五十五 黄蓋伝）

☯孫氏三代に仕える

黄蓋《こうがい》は、字《あざな》を公覆《こうふく》といい、零陵郡泉陵県《れいりょうぐんせんりょうけん》の人です。孫堅《そんけん》の挙兵に従い、孫策《そんさく》・孫権《そんけん》の三代に仕えました。初めは郡の役人となり、孝廉《こうれん》に推挙されますが、孫堅が挙兵したので、その配下となったのです。風貌に威厳があり、配下の兵士にもよく心配りをしたため、兵士たちは先を争って戦ったといいます。また、異民族や盗賊のために乱れた県があると、いつも黄蓋が長官に任命され、かれが治めた九県は、いずれも平穏になりました。

曹操《そうそう》が南下して、孫権が戦いを決意すると、黄蓋は周瑜《しゅうゆ》の配下に入ります。曹操の率いる数十万の軍勢に対して、周瑜と程普《ていふ》の指揮する孫呉の軍隊は、わずかに数万、この劣勢を覆《くつがえ》したものが、黄蓋の献策でした。黄蓋は、曹操の水軍の密集ぶりを見て、投降するふりをして、焼き討ちをかけることを進言します。『三国志演義《さんごくしえんぎ》』では、周瑜と諸葛亮《しょかつりょう》の発案とされる火攻めは、黄蓋が献策した攻撃方法なのです。また演義では、投降する際「苦肉《くにく》の計」を用いますが、これも創作です。馴《な》れない水戦に不安があったのでしょう。曹操は、黄蓋の偽降を信じました。

開戦の当日、黄蓋は先陣をきって船を出します。快速船十隻《せき》に、枯れ草や柴を積

みこんだ黄蓋は、折からの東南の風に乗って曹操軍に近づき、兵士たちに「黄蓋が降服してきた」と叫ばせました。曹操軍まであと二里（約八百メートル）の距離で黄蓋は、船に満載した枯れ草に火をかけます。激しい東南の風にあおられた船は、炎の矢のように曹操の船団に突入しました。火は、船を焼き尽くして陸上の陣も襲います。黄蓋に続いて周瑜も、精鋭部隊を率いて上陸しました。曹操の水軍は一瞬にして壊滅します。

水軍を焼き払われた曹操は、烏林《うりん》から華容道《かようどう》沿いに江陵《こうりょう》に向かって敗走しました。このあたりは湿地帯です。曹操は、疲労の極にある兵士を激励して竹や木を運んでぬかるみを埋めさせ、ようやく通ることができました。なんとか危機を逃れた曹操は、江陵に曹仁《そうじん》と徐晃《じょこう》を、襄陽《じょうよう》に楽進《がくしん》を配置して許《きょ》に帰還します。赤壁《せきへき》の戦いは曹操の大敗に終わったのです。

☯火攻めの怖さ

曹操は『孫子《そんし》』の注で、水攻めと火攻めを比較して、「水攻めは敵の糧道《りょうどう》を断ち、敵軍を分断することはできるが、蓄えた食糧を奪うことはできない」とその限界を述べ、火攻めの有効性を主張しています。また、『孫子』の本文には、「月が箕《き》・壁《へき》・翼《よく》・軫《しん》の宿《しゅう》（西欧の星座にあたる）にある日は、風の吹く日であるため火攻めに適している」と記されています。曹操はこの条には注をつけていませんが、それを読んでいないはずはありません。火攻めの威力を説き、それに適した風の吹く日を知っていたはずの曹操が、火攻めに大敗したことは、なんとも皮肉なことです。だからこそ、『三国志演義《さんごくしえんぎ》』は、諸葛亮に「兵陰陽家《へいいんようか》」の術を使って風を呼ばせ、「兵」

家の第一人者である曹操を破らせたのでしょう。

前近代における戦いは、すべてを人間の合理的な判断に基づいて戦っているわけではありません。占いなどの呪術が、軍事と密接に結びついていたのです。『漢書《かんじょ》』では、そうした呪術的兵法《へいほう》を『孫子』の兵法などと区別して「兵陰陽家」としてまとめています。軍を起こすときに、その日時の吉凶を定め、天体の方角に留意し、鬼神の助力を得るという、きわめて呪術性の高い戦術です。

諸葛亮は、兵家としての評価も高いのですが、演義で繰り出される諸葛亮の戦いは、ほとんどが兵陰陽家に属する戦術です。『宋史《そうし》』には、『諸葛亮十二時風雲気《しょかつりょうじゅうにじふううんき》候《こう》』一巻という書籍のあったことが記録されています。兵陰陽家は、天体の運行や雲気の状態から、軍事の吉凶を占います。諸葛亮の著とされる『諸葛亮十二時風雲気候』も、そうした占いの方法を記載したものでしょう。「兵陰陽家の戦術で風を呼ばれては仕方がない」、このように演義は、『孫子』に精通している曹操が火攻めに敗れた理由を説明しているのです。

☯ 楼船と艨衝

演義では、「周瑜《しゅうゆ》は自ら曹操軍の水軍基地の様子を探ろうと思い立ち、一隻の楼《ろう》船《せん》を準備させると、鼓楽隊を引き連れ、威力の強い弓や弩《ど》を帯びた数人の勇将を従えて、ゆるゆると前進した」と記述しています。周瑜が指揮のために乗っている楼船は、前漢《ぜんかん》の武帝《ぶてい》が南越《なんえつ》（北ヴェトナム）と船で戦うに際して、昆明池《こんめいち》で製造したことが『史記《しき》』に記録されています。それによれば、楼船の高さは十丈《じょう》あまり（十丈は二十三メートル）であったといいますから、その巨大さが分かります。『三国志』には、孫権が、楼船で宴会を行ったことが記録されています。まさしく水上の本陣、それが楼船だったのです。ただし、これだけの巨大艦を製造し、運用することはたいへんで、呉を滅ぼした杜預《どよ》の祖父である杜畿《とき》は、曹丕《そうひ》のために楼船を造り、その試運転中に、風波のため沈没した楼船と運命を共にしています。

また、演義では、いよいよ曹操の本陣に攻め込むために、楼船から艨衝《もうしょう》に乗り換えます。「周瑜は自ら程普《ていふ》とともに大きな艨艟《もうどう》の上で戦いの総指揮にあたり、徐盛《じょせい》と丁奉《ていほう》が左右で護衛にあたった」。演義が、艨艟と記す艨衝（同じ意味です）は、後漢末の劉熙《りゅうき》が著《あらわ》した字書《じしょ》である『釈名《しゃくみょう》』という本に、「幅が狭く細長い船で、敵船に衝突させて攻撃する突撃艦である」と記されています。大きく遅い楼船《ろうせん》から、快速船（幅が狭い船は速い）の艨衝《もうしょう》に乗り換え、周瑜は曹操を撃破したのです。

黄蓋《こうがい》が火攻めを敢行した快速船も、艨衝であったと考えてよいでしょう。曹操はこうした水軍を降服した荊州《けいしゅう》の艦船に依存していました。長年、長江で戦い慣れている黄蓋たち呉の武将には、存外に与《くみ》しやすい相手だったのかも知れません。

太《たい》史《し》慈《じ》・周《しゅう》泰《たい》

信頼関係を貫く

呉

太《たい》史《し》慈《じ》

（一六六～二〇六年）

字《あざな》は子義《しぎ》。黄莱郡黄県《こうらいぐんこうけん》の人。劉繇《りゅうよう》に仕えたが重用されず、劉繇が孫策《そんさく》に敗れたあとも抵抗を続けたが、孫策が協力を要請すると、「劉繇の兵をまとめて参りましょう」と提案した。孫策はこれを許し、太史慈も信頼に応えた。

（『三国志』巻四十九 太史慈伝）

周《しゅう》泰《たい》

（？～？）

字は幼平《ようへい》。九江郡下蔡県《きゅうこうぐんかさいけん》の人。孫策の異民族討伐の際、数倍の敵兵に囲まれた孫権《そんけん》を身を挺《てい》して守り、身体に十二ヵ所の傷を負った。孫権は酒席で上着を脱がせ、傷の由来を語らせた。

（『三国志』巻五十五 周泰伝）

⑥孫策との信頼関係

太史慈《たいしじ》は、字《あざな》を子義《しぎ》といい、黄萊郡黄県《こうらいぐんこうけん》の人です。弓の腕前は百発百中で、学問にも通じていたといいます。黄巾《こうきん》の乱の際、日頃から目をかけてくれていた孔融《こうゆう》が黄巾に囲まれると、母の勧めもあって単身、孔融のもとに駆けつけました。そして、劉備《りゅうび》への救援を求める使者に立とうとしますが、城は幾重にも包囲されていました。

太史慈は、城から出て弓の練習をしては戻る、という不可解な行動を続けることで油断をさそい、包囲を抜けて劉備の救援を得ることができました。

やがて、同郷の劉繇《りゅうよう》のもとに身を寄せますが、重用されず、密偵の仕事しか与えられませんでした。攻め寄せた孫策《そんさく》の軍を偵察中に、孫策本人と遭遇し、激しい一騎討ちを行います。腕前は互角で勝負はつかず、太史慈は武器を、孫策は兜《かぶと》をそれぞれ奪われています。

劉繇が孫策に敗れたあとも、太史慈は異民族を配下に抵抗を続けましたが、やがて捕虜となります。自ら縄を解き、太史慈に協力を要請する孫策の態度に感じ入った太史慈は、「散り散りになった劉繇の兵をまとめて参りましょう」と提案、臣下が反対するなか、孫策はこれを許しました。

自分を信じた孫策に応えて、太史慈は約束の日までに軍勢を連れて戻ってきました。その後も呉の最前線で活躍しますが、赤壁《せきへき》の戦いの二年前に病没します。

なお、演義《えんぎ》は、太史慈を合肥《ごうひ》で張遼《ちょうりょう》に殺されたとしますが、それは創作です。

⑥孫権との結びつき

周泰《しゅうたい》は、字《あざな》を幼平《ようへい》といい九江郡下蔡県《きゅうこうぐんかさいけん》の人です。孫策がまだ袁術《えんじゅつ》のもとに身を寄せていたころ、蔣欽《しょうきん》とともに孫策の配下に入って、その側近となりました。周泰は慎み深い性格で、たびたび戦いで手柄を立て、孫策が会稽郡《かいけいぐん》に入って江東の覇者になると、別部司馬《べつぶしば》に任命されました。孫策の弟である孫権《そんけん》は、周泰をたいへん気に入っていたので、兄に頼んで自分の配下に加えてもらいました。

孫策が異民族の討伐を行ったときに、油断していた孫権は、数倍の敵兵に囲まれて、命も危うくなっていました。周泰は、身を挺《てい》して孫権を守り、その働きのおかげで、敵を敗走させることができました。しかし、周泰は、身体に十二ヵ所の傷を負い、しばらくは意識不明の重体になってしまいました。

その後、劉表《りゅうひょう》の武将黄祖《こうそ》の討伐や赤壁の戦い、南郡の戦いなどを転戦します。あるとき、周泰の指揮下に入った朱然《しゅぜん》や徐盛《じょせい》は、かれの命令に従おうとはしませんでした。そこで、孫権は酒宴の席で、周泰に上着を脱がせ、身体の傷跡の由来を説明させた上で、君主が使う傘を賜与《しよ》しました。

これ以後は、みな周泰に従うようになったといいます。のち、関羽《かんう》を破る際に功績があり、奮威《ふんい》将軍《しょうぐん》に任命されますが、孫権の即位を見ることはなく、黄武《こうぶ》年間（二二二〜二二九年）に卒《しゅつ》しました。

なお、演義では、二度も孫権の命を救い、最初に孫権を助けて重傷を負ったときには、名医華佗《かだ》の治療で救われています。

世兵制と奉邑制

孫呉政権では、孫堅・孫策のときに武力のみによって台頭したために、君主と武将との結びつきが強く、孫権もまた武将を優遇したので、ほかの二国には見られない将軍に関する制度がありました。それが、世兵制《せへいせい》と奉邑制《ほうゆうせい》です。世兵制は、将軍が家兵的な私兵集団を代々世襲する制度として、奉邑制は世兵を養う領土を与えられる制度として理解されています。

そして、これをあたかも西欧の中世に見られる封建《ほうけん》制度と似た制度であると考え、三国時代から始まる魏晋南北朝《ぎしんなんぼくちょう》時代に中国の中世を設定する歴史観もあります。しかし、奉邑制が施行された時期は、孫呉政権の初期だけであり、奉邑制は次第に封爵制《ほうしゃくせい》に切り換えられて消滅していきます。また、世兵にも君主の厳格な統制が行われ、必ずしも代々兵力を世襲できるとは限りませんでした。さらに、孫呉の軍事力は、すべて世兵に依存していたわけではなく、世兵とは別の中央軍の存在も明らかにされています。周瑜《しゅうゆ》→魯粛《ろしゅく》→呂蒙《りょもう》と継承されていく軍です。したがって、この制度があることを理由に、三国から後の時代を中国の中世である、と考えることはできないと思います。

それでは、どうして孫呉にだけ世兵制や奉邑制があるのでしょう。たとえば、呂蒙と軍営地が近くにあった徐顧《じょこ》・成当《せいとう》・宋定《そうてい》という武将が卒《しゅっ》した際に、子弟がまだ幼少であったため、孫権は配下の兵をすべて呂蒙の軍に併せようとしました。しかし、呂蒙はそれを固辞します。その理由は、徐顧たちが国事に励んできたためで、結局、孫権も呂蒙の主張に従って、世兵を認めました。

このように、世兵は、国事に努めた武将への恩恵であったと考えることができるでしょう。ここに、自分の基盤である武将との結合を重視する孫氏の政策を見ることができるのです。

表三　孫呉の武将就官年

官職名	孫権期（222–252）	孫亮期（253–258）	孫休期（259–264）	孫皓期（265–280）
驃騎将軍	歩騭（徐権）、朱據（揚権）	呂據（豫堅）、施績（?・権）		孫韶（宗室）、朱宣（揚権）
車騎将軍	朱然（揚権）		劉纂（?・権）	
衛将軍	全琮（揚策）、士燮（交権）、滕胤（青権）	全尚（揚権）、孫恩（宗室）	濮陽興（兗権）	滕牧（青休）
征西将軍	馬茂（?・権）		留平（揚権）	
征北将軍	朱然（揚権）	陸抗（揚権）	陸凱（揚権）	
鎮東将軍	朱績（揚権）			
鎮南将軍	呂岱（徐権）	朱異（揚権）、孫壹（宗室）		滕脩（荊?）
鎮西将軍	陸遜（揚権）			留憲（揚権）
鎮北将軍	孫韶（宗室）、全緒（揚権）			
大都督	陸遜（揚権）	施績（?・権）		

――は就任年が確認でき、
------は就任年を推測している。

西陵督	歩騭（徐権） 歩協（徐権）	陸胤（揚権）	陸抗（揚権）	歩闡（徐権） 留憲（揚権）
公安督	諸葛瑾（徐権） 諸葛融（徐権）	鍾離牧（揚権）		孫遵（?・?）
武昌督	陸遜（揚権） 諸葛恪（徐権）	范慎（徐権）	魯淑（徐権）	
夏口督	孫鄰（宗室）	孫壹（宗室）		孫秀（宗室） 魯淑（徐権） 孫慎（宗室）
江陵督				張咸（?・?） 伍延（?・?）
沔中督	孫鄰（宗室）			
楽郷督	朱績（揚権）			陸抗（揚権）
柴桑督		陸抗（揚権）		
半州督	孫慮（宗室）			
濡須督	朱桓（揚権） 駱統（揚権）			
牛渚督				何植（揚晧）
無難督	虞欽（?・?）			周處（揚権）

甘《かん》寧《ねい》・淩《りょう》統《とう》

命をかける

呉

甘《かん》寧《ねい》

（？〜二二二年）

字《あざな》は興覇《こうは》。巴郡臨江県《はぐんりんこうけん》の人。劉表《りゅうひょう》に仕えたが重用されず、孫権に身を寄せる。周瑜《しゅうゆ》・呂蒙《りょもう》に推挙され、黄祖《こうそ》を攻撃して滅ぼした。曹操《そうそう》との濡須《じゅしゅ》口《こう》の戦いでは、百人あまりの兵を率いて奇襲をかけ、曹操軍を大混乱に陥れた。

（『三国志』巻五十五 甘寧伝）

淩《りょう》統《とう》

（？〜？）

字は公績《こうせき》。呉郡余杭県《ごぐんよこうけん》の人。父の戦死後、その兵を受け継ぎ別部司馬《べつぶしば》となった。赤壁《せきへき》の戦いや曹仁《そうじん》との戦いでも功績をあげ、合肥《ごうひ》で張遼《ちょうりょう》の急襲を受けたときには孫権《そんけん》を守って獅子奮迅《ししふんじん》の働きをした。

（『三国志』巻五十五 淩統伝）

⑥孫権に仕えて花開く

甘寧《かんねい》は、字《あざな》を興覇《こうは》といい、巴郡臨江県《はぐんりんこうけん》の人です。若いころから任俠《にんきよう》を好み、不良少年を集めてその親玉になっていました。その出で立《いで た》ちは、水牛の尻尾の旗指物《はたさしもの》を背負い、弓で武装し、腰には鈴を付けていたので、人々は鈴の音を聞くと、甘寧たちがやってきたことを知ったといいます。

やがて、学問に感化されて改心した甘寧は、志《こころざし》を抱いて数百人の配下の者を連れ、荊州牧《けいしゆうぼく》の劉表《りゆうひよう》に仕えます。しかし、名士《めいし》を保護して荊州学《けいしゆうがく》を振興していた劉表は、甘寧を評価しません。やむなく、甘寧は劉表の部下の黄祖《こうそ》のもとに身を寄せました。しかし、黄祖も甘寧を礼遇することはありませんでした。孫権《そんけん》が攻め寄せたとき、甘寧が孫権配下の淩操《りようそう》（淩統《りようとう》の父）を射殺する功績をあげても、待遇は変わりません。黄祖の部下の蘇飛《そひ》は、しばしば甘寧を重用するよう黄祖に説きましたが、聞き入れられず、不遇に嘆く甘寧に呉へ行くよう勧めました。

孫権に仕えた甘寧は、周瑜《しゆうゆ》と呂蒙《りよもう》が推薦してくれたため、孫権から旧臣と同じように扱われました。甘寧は、孫権の父の仇である黄祖の討伐を進言します。張昭《ちよう しよう》の反対を押し切った孫権は、事情をよく知っている甘寧に、全軍の指揮を任せ、黄祖を討ち取りました。孫権は、甘寧の働きにより、念願の仇討ちを果たしたうえ、江夏《こうか》の地を手に入れたのです。なお、このとき蘇飛《そひ》が捕らえられています。甘寧は孫権の前でひざまずき、頭を床に打ちつけて、「わたしは蘇飛のおかげで、殿の配下となることができました。かれの罪はわたしが引き受けます」と助命を願い、蘇飛の恩に報いたのです。

その後も甘寧は、度胸と機転を生かした指揮官ぶりを発揮します。赤壁《せきへき》の戦いに勝利をおさめた後、南郡《なんぐん》に曹仁《そうじん》を攻めたときのことです。甘寧は、南郡の支城である夷陵《いりょう》を千人にも満たない兵で奪い取りましたが、すぐに五～六千人を率いた曹仁の猛攻を受けました。甘寧は楽しげな態度で物怖《ものお》じもせず、味方の援軍が来るまで城を守り抜きます。また、関羽《かんう》が数万の兵を率いて呉に迫ったときにも、少数の兵で守備につき、侵攻を防いでいます。これらの功績によって、甘寧は折衝将軍《せっしょうしょうぐん》に昇進しました。

☯曹操の度肝を抜く

建安《けんあん》二十一（二一六）年、曹操が、第二次濡須口《じゅしゅこう》遠征に攻め寄せました。建安十八（二一三）年の第一次遠征では、曹操は、濡須口に到着したあと夜襲をかけましたが、孫権に迎え討たれて大敗を喫しており、その復讐戦となります。復讐戦という意味では、呉の思いの方が強かったかもしれません。建安二十（二一五）年、曹操が漢中《かんちゅう》に出征した隙をついて、孫権は十万の兵で合肥《ごうひ》を攻撃しました。しかし、緒戦で張遼《ちょうりょう》の奇襲を受けて敗北を喫し、さらに、十数日間合肥を包囲した後、あきらめて退却する際に、張遼の急襲を受けて、あと一歩で、孫権は捕らえられるところだったのです。両者一勝一敗で迎えた戦いなのです。

第一次遠征の失敗を踏まえて曹操は、四十万人の大軍を率い、万全な態勢で攻め寄せてきます。これに対して、甘寧は、配下の勇猛な兵士から決死隊百余人を選抜して、曹操の本陣に夜襲をかけました。大混乱を引き起こして大勝すると、孫権は大喜びで、「曹操には張遼がいるが、わたしにも甘寧がいる」と溜飲《りゅういん》を下げました。このとき甘寧は、戦いの前に兵士たちを叱咤《しった》激励し、一人一人に酌《しゃく》をして回りました。有能な人物を尊重し、兵士たちを可愛がったので、みな甘寧のために喜んで戦ったといいます。

結局、その年の三月に曹操は撤退し、夏侯惇《かこうとん》が居巣《きょそう》に駐屯して、張遼をはじめ二十六軍の都督《ととく》となって孫権に備えました。江東を支配するためには、長江を制圧することが必要なのです。孫権と曹魏との戦いは、この後も一進一退を繰り返していきます。

❻命がけで孫権を救う

凌統《りょうとう》は、字《あざな》を公績《こうせき》といい、呉郡余杭県《ごぐんよこうけん》の人です。父凌操《りょうそう》の戦死後、その兵を受け継ぎ別部司馬《べつぶしば》となりました。父を殺した者は、このときにはまだ黄祖《こうそ》の配下にあった甘寧《かんねい》です。このため『三国志演義《さんごくしえんぎ》』では、凌統は、いつも甘寧のことを仇《かたき》としてつけ狙い、黄祖討伐の祝勝会では甘寧に斬りかかっています。合肥《ごうひ》では甘寧と手柄を競い合い、張遼との一騎討ちの際に、曹休《そうきゅう》の矢が馬に当たって落馬したところを、楽進《がくしん》の槍で命を落としそうになります。ここで、甘寧が楽進を射止め、以後は旧怨を忘れ、親交を結んだ、とされているのです。ただ、史書では、『三国志』甘寧伝の注に引く『呉書《ごしょ》』に、確執が触れられるだけで、これらの話は、すべて演義の創作です。

凌統は、黄祖討伐では、配下の張碩《ちょうせき》を斬り、赤壁の戦いとそれに続く南郡での曹仁との戦いでも活躍しましたが、淩統《りょうとう》の名を残したのは、合肥包囲戦の逍遥津《しょうようしん》での戦いです。川を渡って撤退する最中を張遼に急襲された孫権軍は、将軍旗を奪われる大敗北を喫し、孫権の命も危機にさらされていました。淩統の決死の突入によって、孫権はようやく逃れることができましたが、淩統の部下は、みな討ち死にし、淩統自身も深手を負いました。孫権を脱出させるときには、橋が敵によって壊され、二枚の板だけで繫《つな》がっていたのですが、孫権は馬に鞭《むち》を打って駆け抜けました。淩統は、追撃を防ぐために、なおも敵陣に斬り込んでいきます。そして、孫権が安全な場所に避難したのを見計らって退却し、水中に潜り、川を渡って帰還したのでした。この功績により淩統は、偏将軍《へんしょうぐん》に昇進しています。

こののち、淩統は、山越《さんえつ》（山岳地帯に住む不服従民）の討伐を行った際に、有能な人物を大切にし、信義を重んじたので、一万余の精鋭を配下に得ています。こうして故郷でも任地でも高い評価を得ていたのですが、四十九歳で病死しました。

武将の優遇

孫権は武将たちと、たいへん強い絆《きずな》で結びついています。孫権は、周泰《しゅうたい》が負傷をしたときには涙を流し、陳武《ちんぶ》が死ぬとその側室を殉死させ、呂蒙《りょもう》が危篤になると神々に命乞いをし、淩統の遺児を養育するなど、武将への優遇に心を砕いています。また、孫呉創業の功臣が病気に罹《かか》った際、孫権がかれらのために心を配ったという点では、呂蒙と淩統の場合が最も鄭重《ていちょう》で、朱然《しゅぜん》がこれに次いだといいます。

このため、甘寧は、孫氏一族の孫皎《そんこう》と感情的に対立した際、「臣子は一例」つまり、臣下であれば武将も一族も君主との関係において差はない、と述べています。孫権はこれを聞いて、甘寧ではなく孫皎を責めており、一族を抑えてまでも、武将を優遇したことが分かるのです。

ただし、これでは、君主の一族を尊重するという国家的秩序は貫徹しません。孫氏政権が、武将と個人的に強い結びつきを持っていた孫権の死後、急速に求心力を失った理由の一つを、武将との結合関係を優先し、国家的秩序の樹立を後回しにした孫権の武将優遇政策に求めることもできるでしょう。

第五章

物語の終焉

西晋の中国統一

西晋

司《し》馬《ば》昭《しょう》
司《し》馬《ば》炎《えん》
衛《えい》瓘《かん》
賈《か》充《じゅう》

父と兄を超えて
三国の統一と八王の乱
蜀漢を滅ぼす
孫呉を滅ぼす

司《し》馬《ば》昭《しょう》

父と兄を超えて

西晋

司《し》馬《ば》昭《しょう》

（二一一～二六五年）

字《あざな》は子上《しじょう》。河内郡温県《かだいぐんおんけん》の人。諸葛亮《しょかつりょう》の北伐《ほくばつ》を防ぎ、正始《せいし》の政変で曹爽《そうそう》を打倒して、司馬《しば》氏の権力を確立した司馬懿《しばい》の子であり、毌丘倹《かんきゅうけん》の乱を平定した司馬師《しばし》の弟である。兄の死後、権力を掌握すると、諸葛誕《しょかつたん》の乱を平定したのち、皇帝の曹髦《そうぼう》（高貴郷公《こうききょうこう》）の武力抵抗を鎮圧、魏晋革命《ぎしんかくめい》を決定づけた。景元《けいげん》四（二六三）年には、鄧艾《とうがい》・鍾会《しょうかい》を派遣して蜀漢《しょくかん》を滅ぼし、それを機に五等爵制《ごとうしゃくせい》を施行、貴族制を確立した。

（『晋書』巻二 文帝紀）

☯父と兄の権力を継承

司馬昭《しばしょう》は、字《あざな》を子上《しじょう》といい、河内郡温県《かだいぐんおんけん》の人で、司馬懿《しばい》の子、司馬師《しばし》の弟にあたります。子の司馬炎《しばえん》が建国することになる西晋《せいしん》の基礎を築いた者は、父の司馬懿でした。司馬懿は、荀彧《じゅんいく》の推挙で出仕し、文帝《ぶんてい》に重用されて、陳羣《ちんぐん》・呉質《ごしつ》・朱鑠《しゅしゃく》とともに「四友《しゆう》」と称されます。文帝の死後、遺詔《いしょう》により明帝《めいてい》を補佐し、蜀漢《しょくかん》の諸葛《しょかつ》亮《りょう》を五丈原《ごじょうげん》に防ぎ、遼東《りょうとう》の公孫淵《こうそんえん》を討伐して、朝鮮半島北部にまで曹魏《そうぎ》の版図《はんと》を拡大しました。明帝が卒《しゅっ》すると、曹爽《そうそう》と並んで曹魏の政治を総覧しますが、やがて曹爽一派に実権を奪われ、一時は雌伏《しふく》を余儀なくされました。

しかし、正始《せいし》の政変により曹爽政権を打倒します。曹爽の一派は、曹魏の皇室と血縁（夏侯玄《かこうげん》・何晏《かあん》・畢軌《ひっき》・李豊《りほう》）や地縁（丁謐《ていひつ》・桓範《かんはん》・文欽《ぶんきん》）で結ばれていた者が多く、また文学や老荘《ろうそう》思想といった当時の先進的な文化的価値を持つことにより洛陽《らくよう》で名声を得ていました。それを苦々しく思う者たちからは「浮華《ふか》の徒」（浮ついた名声を持つ者。夏侯玄・何晏・諸葛誕《しょかつたん》・毌丘倹《かんきゅうけん》）と呼ばれます。かれらが主張する人事権の皇帝への収斂《しゅうれん》は、九品中正制度《きゅうひんちゅうせいせいど》により既得権を得ていた名士の反発を招いていたのです。司馬懿は、州大中正《しゅうだいちゅうせい》の制と呼ばれる九品中正制度をより名士《めいし》に有利とする改革案を掲げて、名士の支持を取り付け、曹爽《そうそう》を打倒したのでした。

嘉平《かへい》三（二五二）年、司馬懿《しばい》が死去すると、長子の司馬師《しばし》が撫軍大将軍《ぶぐんだいしょうぐん》・録尚《ろくしょう》書事《しょじ》として、父の地位を継承します。地位を盤石《ばんじゃく》にするために司馬師は、曹爽一派でありながら生き延びた夏侯玄《かこうげん》を除くため、夏侯玄を評価していた李豊《りほう》を陥れ、司馬師暗殺の陰謀を無理やり自白させて、夏侯玄と李豊を処刑したのです。さらに、その陰謀に皇帝の曹芳《そうほう》が関わったと言い立てて、郭皇太后《かくこうたいごう》を脅かし皇帝を廃位させました。皇帝の廃立をも欲しいままにする司馬師の専断に、寿春《じゅしゅん》に駐屯していた鎮《ちん》東将軍《とうしょうぐん》の毌丘倹《かんきゅうけん》は激怒します。毌丘倹は、明帝の恩寵を受けていたのです。かつて曹爽に厚遇されていた文欽《ぶんきん》も加わった反乱に対し、司馬師は自ら軍を率いてこれを平定しました。しかし、戦いの最中に病が悪化し、自らも死去したのです。

司馬師の死後、兄の地位を司馬昭が嗣ごうとします。ところが、新皇帝の曹髦《そうぼう》は、兄のもとに駆けつけた司馬昭にそのまま許昌《きょしょう》に留まるよう命じ、尚書《しょうしょ》の傅嘏《ふか》に軍を率いて洛陽《らくよう》に帰らせることにしました。司馬昭と軍とを切り離そうとしたのです。しかし、傅嘏は皇帝を裏切り、司馬昭側につきました。司馬昭は、皇帝の命《めい》を無視して洛陽に帰還、皇帝を脅かし、兄と同じ大将軍《だいしょうぐん》・侍中《じちゅう》・都督中外諸軍《ととくちゅうがいしょぐん》事《じ》・録尚書事《ろくしょうしょじ》に任命されました。こうした司馬昭の専横に対し、諸葛誕《しょかつたん》が寿春《じゅしゅん》で抵抗します。諸葛誕が孫呉に援助を求めたため、司馬昭は孫呉とも戦いながら、乱を平定、諸葛誕を殺害しました。部下の数百人は、諸葛誕の恩を思い、最後まで降服を拒否したので斬刑に処されます。凄惨《せいさん》な最期でした。

皇帝を弑殺

諸葛誕の鎮圧後、ますます専制の度を強める司馬昭に対して、今度は皇帝の曹髦《そうぼう》（高貴郷公《こうききょうこう》）自らが立ち上がります。曹髦は、侍中《じちゅう》の王沈《おうしん》、尚書《しょうしょ》の王経《おうけい》と散騎常《さんきじょう》侍《じ》の王業《おうぎょう》に司馬昭打倒の決意を打ち明けました。王経は自重を求めましたが曹髦の決意は固く、王沈・王業は司馬昭に密告します。曹髦は自ら剣を抜き、殿中警護の奴隷を率いて、司馬昭がいる大将軍府をめざしました。立ちはだかる者は賈充《かじゅう》です。賈充は、ひるむ部下に、「公（司馬昭）がお前たちを養っているのは、今日のためだ」と督励し、部下の成済《せいせい》に曹髦を殺害させました。前代未聞の皇帝弑殺《しいさつ》に対して、陳羣《ちんぐん》の子である尚書左僕射《しょうしょさぼくや》の陳泰《ちんたい》は、平素司馬昭と親しかったにもかかわらず、朝議において、「唯一賈充を腰斬《ようざん》（死刑）にすることによってのみ、わずかに天下に謝することができる」と主張し、次策を考えることを促す司馬昭に対して、「さらに上策（司馬昭が天子弑殺の責任をとることを暗示）はあるが、次策は知らない」と激しくその不当を鳴らしています。結局、司馬昭は、直接皇帝に手をかけた成済を処刑して事をおさめましたが、ここでは、権力者の司馬昭に、真っ向から正論を主張した陳泰の存在感に注目しなければなりません。

陳泰から見れば、父の陳羣の後継者が司馬懿なのです。その子の司馬昭が皇帝を弑殺するのであれば、臣下として服従する必要はありません。司馬氏が曹魏を滅ぼして西晋《せいしん》を建国するためには、こうした司馬氏のかつての同僚名士《めいし》に対して、どのように君主権力を確立すればよいのか、という問題が残っていたのです。

司馬昭は、曹魏から禅譲《ぜんじょう》を受けるために、さらに大きな功績をあげる必要があると考えました。曹魏への侵入を繰り返す蜀漢を滅ぼせば、父や兄にも劣らぬ大功となります。蜀漢では、費禕《ひい》の死後、宦官《かんがん》の黄皓《こうこう》が劉禅《りゅうぜん》の寵愛を受け、姜維《きょうい》は孤立していました。こうした蜀漢の内情を知った司馬昭は、鍾会《しょうかい》と鄧艾《とうがい》に蜀漢を滅ぼさせたのです。

☯五等爵制の施行

景元《けいげん》四（二六三）年、蜀漢を滅ぼした司馬昭は、政権交替の最終段階を整えていきます。九錫《きゅうせき》の賜与など、曹操が後漢を滅ぼした際に行った儀礼が繰り返されます。もちろん、誰もが曹魏の滅亡を歓迎したわけではありません。儒教に基づく偽善的な儀礼に反発して、後世「竹林《ちくりん》の七賢《しちけん》」と呼ばれる阮籍《げんせき》や嵆康《けいこう》は、老荘《ろうそう》思想を尊重して、これに抵抗しようとしました。

そこで司馬昭は、来《きた》るべき西晋「儒教《じゅきょう》国家」の礼儀・法律・官制などを整えさせるとともに、五等爵制《ごとうしゃくせい》を施行しました。五等爵制は、「封建《ほうけん》」の復権の気運のなかで、曹魏のころから、周《しゅう》の制度の理念に基づいて実施されていました。ただし、曹魏の五等爵が宗室《そうしつ》だけに与えたことに対して、西晋の五等爵は、異姓に与えられる点を特徴とします。このときには、騎督《きとく》という五品官より以上の官職を持つもの六百余人が、「公《こう》―侯《こう》―伯《はく》―子《し》―男《だん》」の五等爵にそれぞれ封建されたのです。文官では三公《さんこう》、武官では大将軍《だいしょうぐん》を筆頭とする文武百官（官職）は、世襲することができません。袁紹《えんしょう》の家の「四世三公《しせいさんこう》」は、三公の子どもだから自動的に三公となれたのではなく、三公になるべく努力を重ね、それを実らせた者が四代続いた結果なのです。

これに対して、爵位は世襲できます。公爵家の嫡長子は、父が死んだときにまだ子どもであっても公爵となれるのです。しかも、公爵を嗣いだものは、九品中正制度では、郷品《きょうひん》が一品とされ、五品で起家《きか》(官僚としてスタート)することができました。もし、かれが三公まで出世できなくとも、その子はまた五品より起家できます。自動的に高位を世襲できる可能性が、飛躍的に高くなったのです。ここに三国《さんごく》時代の名士は、貴族制《きぞくせい》に組み込まれることになりました。個人の才能に対する名声を存立基盤とする名士は、家の爵位と九品中正制度により高位を保証される貴族制のもとで生きる貴族へと変貌を遂げたのです。

司馬昭は五等爵の封建により、「公─侯─伯─子─男」という階層制を持つ、国家的な秩序としての身分制である貴族制を形成したのです。しかも、五等爵に含まれない王、皇帝となりうる司馬氏が、凡百《ぼんひゃく》の他姓とは異なる唯一無二の公権力であることを爵制により示すことを通じて、司馬氏の皇帝としての地位の絶対性をも宣言しています。こうして司馬昭は、五等爵制を九品中正制度と組み合わせることで貴族制を成立させて、名士を貴族として取り込むことにより、西晋の建国準備を完了したのでした。

司《し》馬《ば》炎《えん》

三国の統一と八王の乱

西晋

司馬炎《しばえん》

（二三六〜二九〇年）

字《あざな》は安世《あんせい》。河内郡温県《かだいぐんおんけん》の人。司馬懿《しばい》の孫。毌丘《かんきゅう》倹《けん》の乱を平定した伯父の司馬師《しばし》、諸葛誕《しよかつたん》の乱を平定し、蜀漢《しよくかん》を滅ぼした父の司馬昭《しばしよう》の功績を受けて、曹魏から禅譲《ぜんじよう》され西晋《せいしん》を建国した。さらに、孫呉を滅ぼして、三国を統一したが、その後は緊張の糸が切れたように、好色にふける。賢弟の司《し》馬攸《ばゆう》ではなく、暗愚な長子恵帝司馬衷《けいていしばちゆう》に皇帝位を嗣がせ、八王《はちおう》の乱を招いた皇帝として、後世の評価は高くない。

（『晋書』巻三 武帝紀）

三国の統一

司馬炎《しばえん》は、字《あざな》は安世《あんせい》といい、河内郡温県《かだいぐんおんけん》の人で、司馬懿《しばい》の孫にあたります。咸熙《かんき》二（二六五）年、禅譲《ぜんじょう》の準備を終えたことを待つように、父の司馬昭《しばしょう》が死去します。司馬炎は、曹魏最後の皇帝となる曹奐《そうかん》より禅譲されて皇帝として即位、元号を泰始《たいし》元（二六五）年と改めました。司馬炎は、即位を天に報告する告代祭天文《こくだいさいてんぶん》という文章のなかで、魏晋《ぎしん》革命の正統性を「堯《ぎょう》→舜《しゅん》→禹《う》」の禅譲に「漢《かん》→魏→晋」の禅譲を準《なぞら》えることを挙げています。曹魏が舜の後裔で土徳《どとく》を継承するのであれば、その禅譲を受ける西晋《せいしん》は、禹の後裔で金徳《きんとく》の王朝となります。漢魏《かんぎ》革命でも利用された五《ご》行相生《ぎょうそうしょう》の考え方により、西晋の建国を正統化したのです。

　司馬炎が儒教に基づいて曹魏から禅譲を受けたのは、儒教《じゅきょう》に対抗する文化として文学を宣揚《せんよう》した曹操《そうそう》、老荘《ろうそう》を尊んだ曹爽《そうそう》に対して、司馬懿以来、儒教を中心とした名士の価値基準を守ることで司馬氏への支持を集めてきたためです。したがって、司馬氏を支持した貴族たちは、儒教の経典《けいてん》の解釈を変更してまで、司馬氏の行為を正当化しようとしました。司馬師《しばし》が皇帝を廃立すると、司馬昭に娘を嫁《とつ》がせている王粛《おうしゅく》は、『孔子家語《こうしけご》』を著《あらわ》し、孔子を利用して司馬師の行為を正当化しました。司馬炎は、王肅の娘の子にあたるため、西晋では儒教の経典は王肅の解釈（曹魏では、鄭玄《じょうげん》の解釈が中心）に基づくことになりました。また、司馬昭の娘を娶《めと》っている杜《ど》預《よ》は、『春秋左氏経伝集解《しゅんじゅうさしけいでんしっかい》』を著して、君主が無道な場合には臣下が弑殺《しいさつ》してもかまわないという周公《しゅうこう》の凡例《はんれい》を論拠に、司馬昭による皇帝の弑殺を正当化したのです。

そのため、司馬炎は、西晋の国政を運用していく上で、かれらの意向を尊重せざるを得ませんでした。孫呉《そんご》の討伐が遅れた理由は、貴族の間が孫呉討伐派と慎重派に分かれて争っていたためでした。孫呉の討伐に反対していた者は賈充《かじゅう》です。賈充は、司馬炎の弟の司馬攸《しばゆう》だけではなく、司馬炎の子の司馬衷《しばちゅう》にも娘を嫁がせている権臣でした。討伐推進派の羊祜《ようこ》や杜預が、しきりに孫晧《そんこう》の暴君化を伝えても、賈充の反対により、なかなか討呉を果たせません。最後には司馬炎が、賈充を孫呉討伐軍の総司令に任命し、「賈充が行かないのであれば自分が行く」との決意を示すことにより、ようやく咸寧《かんねい》六（二八〇）年、孫呉を滅ぼして中国を統一、三国《さんごく》時代に幕を下ろしたのです。

「儒教国家」の再編

武帝《ぶてい》司馬炎は、「至孝《しこう》」の皇帝でした。古来、中国では親が亡くなると三年の喪《も》に服するのですが、皇帝が三年間も喪に服すると政務が滞《とどこお》ってしまうため、前漢《ぜんかん》の文《ぶん》帝《てい》のときから、一日を一ヵ月分と換算して、三十六日間だけ喪に服することにしてきました。ところが、武帝は、これを三年間行おうとしたのです。まだ中国を統一していない多忙な時期でしたので、臣下の諫止により通常の政務は行いましたが、父の喪に三年間、遡《さかのぼ》って母の喪に三年間のあわせて六年もの間、心のなかで喪に服し、女性に接することもありませんでした。

自らを儒教で律するだけではありません。「諸生《しょせい》の家」（学者の家系）の出身と称する武帝は、儒教を根本に据《す》えて国家を統治しようとしました。中国における国家の支配意思は、律令《りつりょう》と呼ばれる法律により表現されます。武帝が泰始《たいし》四（二六八）年に公布した泰始律令は、律法典と令法典とが、ともに体系的な法典として扱われるようになったという点において、中国の法制史上、画期的な意義を持つ法典です。それとともに、儒教の経義を律令の根本に置く点において、西晋「儒教国家」を象徴する法でもありました。

さらに、西晋では、国家支配のための多くの政策もまた、経義に典拠を持っていました。儒教に基づく国家支配の三本柱は、封建《ほうけん》（諸王や貴族を国家支配の支柱とするため土地を所有させること）・井田《せいでん》（土地の所有を等しくすること）・学校《がっこう》（教育制度を確立すること）にあります。諸王の封建は『春秋左氏伝《しゅんじゅうさしでん》』僖公《きこう》伝十一年を、異姓への五等爵《ごとうしゃく》の封建は『礼記《らいき》』王制《おうせい》篇を、井田を実現するための土地制度である占田《せんでん》・課田《かでん》制も『礼記』王制篇を、貴族の子弟を教育するための国子学《こくしがく》の設置は『礼記』学記《がくき》篇を、それぞれ政策の論拠としています。多くの政策に明確な経典の典拠を持つことは、後漢「儒教国家」と比べた場合の西晋「儒教国家」の特徴です。もちろん、儒教の浸透とそれへの依拠が進展した結果と考えてよいでしょう。

しかし、儒教を典拠として政策を施行することは、必ずしも国家支配がすべてうまくいくことを意味しません。孔子《こうし》の教えどおりに現実社会を支配できるわけではないのです。例えば、皇太子《こうたいし》の司馬衷《しばちゅう》がいくら支配者としての資質に欠けていても、皇太子を廃嫡《はいちゃく》することは儒教では許されません。また、儒教そのものに含まれる差別性は、貴族制を背景として性三品説《せいさんぴんせつ》（人は、善だけの上品と、悪だけの下品と、善悪両方を含む中品に区別されるという説）を、生まれながらにして人は平等ではないとする思想に展開させました。また、異民族との雑居が進んだことにより、儒教が持つ華夷思想《かいしそう》（中華と夷狄《いてき》〈異民族〉とは、人間として異なり、中華が夷狄の君主となるべきという思想）を先鋭化させ、夷狄をすべて中国から追い出すべしとする江統《こうとう》の「徙戎論《しじゅうろん》」を生み出しました。こうした儒教の人間観に基づく身分制や差別性が、西晋を衰退させた諸王の内乱である八王《はちおう》の乱や、匈奴《きょうど》が西晋を滅ぼす永嘉《えいか》の乱の原因となっていくのです。

☯八王の乱を招く

武帝は、そうした儒教の限界には無頓着でした。曹魏によって滅ぼされた後漢《ごかん》「儒教国家」を復興すべく、儒教に基づく政策を推進していきました。それらのなかで、貴族たちから最も問題視されていたのが、皇太子司馬衷《しばちゅう》の不慧《ふけい》（精神障害）問題です。優秀な帝弟司馬攸《しばゆう》がいたために、なおさら「司馬衷ではなく司馬攸を後継者とすべきである」という根強い主張がありました。

しかし、武帝は、儒教が定めた嫡長子相続を守るため、そして後継者問題に貴族を介入させないことにより、皇帝権力の絶対性を守るために、司馬衷の後継を変えることはありませんでした。ただし、その資質には、やはり不安を抱いていたようで、多くの弟たちを王に封建して、自分の死後に備えさせました。

武帝が亡くなると、永平元《えいへい》（二九一）年、恵帝司馬衷《けいていしばちゅう》の皇后である賈南風《かなんぷう》（賈充の娘）が、諸王を引き入れて、武帝の外戚《がいせき》として専権を振るっていた楊駿《ようしゅん》を滅ぼすことで、すぐさま混乱が始まりました。ただ、賈皇后（賈南風）のもと、『三国志』の著書である陳寿《ちんじゅ》を抜擢《ばってき》したことでも有名な張華《ちょうか》と裴頠《はいぎ》が、要職にバランスよく貴族と宗室を配置して勢力均衡を保ったので、政治的には安定した時期が続きました。

しかし、賈皇后が愍懐太子《びんかいたいし》を暗殺したことを機に、永康元《えいこう》（三〇〇）年、趙王《ちょうおう》の司馬倫《しばりん》と斉王《せいおう》の司馬冏《しばけい》は、賈皇后と賈謐《かひつ》を打倒して外戚を一掃し、宗室が実権を掌握しました。八王の乱の本格的な始まりです。こののち、匈奴《きょうど》が西晋に対して永《えい》嘉《か》の乱を起こしても、諸王の争いは止まず、西晋は建興《けんこう》四（三一六）年に滅亡し、華北には五胡十六国《ごこじゅうろっこく》・江南には東晋《とうしん》が分立します。開皇《かいこう》九（五八九）年、隋《ずい》の文帝《ぶんてい》楊堅《ようけん》が南北朝を統一するまで分裂は続き、三国時代を終わらせた西晋の束の間の統一は、「儒教国家」を再編したにも拘《かかわ》らず、長続きしなかったのです。隋は、仏教に基づく統治を試みていきます。

衛《えい》瓘《かん》

蜀漢を滅ぼす

西晋

衛《えい》瓘《かん》

（二二〇～二九一年）

字《あざな》は伯玉《はくぎょく》。河東郡安邑県《かとうぐんあんゆうけん》の人。魏の尚書《しょうしょ》であった衛覬《えいき》の子。十歳で父を失うが、魏の尚書郎《しょうしょろう》から散《さん》騎常侍《きじょうじ》に進み、蜀漢《しょくかん》を滅ぼした後の、鄧艾《とうがい》と鍾《しょう》会《かい》による混乱を平定した。二八〇年、晋の司空《しくう》となり、恵帝《けいてい》のときに太保《たいほ》となった。のち、楚王《そおう》の司馬瑋《しばい》と賈皇后《かこうごう》により、子孫九人とともに殺された。また、司馬衷《しばちゅう》が帝位を継承することに反対し、九品中正制度《きゅうひんちゅうせいせいど》に対して、批判的な議論をしたことでも知られる。

（『晋書』巻三十六 衛瓘伝）

❻蜀漢の滅亡

衛瓘《えいかん》は、字《あざな》を伯玉《はくぎょく》といい、河東郡安邑県《かとうぐんあんゆうけん》の人で、魏の尚書《しょうしょ》であった衛覬《えいき》の子です。十歳で父を失いましたが、曹魏に仕えて尚書郎《しょうしょろう》となり、のち散騎常侍《さんきじょうじ》から侍《じ》中《ちゅう》に進みました。廷尉《ていい》（法務大臣）であったとき、司馬昭《しばしょう》が蜀漢《しょくかん》征討を決断します。征西将軍《せいせいしょうぐん》の鄧艾《とうがい》が兵三万余を率いて狄道県《てきどうけん》から甘松《かんしょう》・沓中《とうちゅう》へ向かって、蜀漢の姜《きょう》維《い》と戦い、雍州刺史《ようしゅうしし》の諸葛緒《しょかつしょ》が兵三万余を率いて祁山《きざん》から下弁県《かべんけん》・橋頭《きょうとう》方面に向かって姜維の帰路を断ち、鎮西将軍《ちんせいしょうぐん》の鍾会《しょうかい》が兵十万余を率いて駱谷道《らくこくどう》を通って漢《かん》中《ちゅう》に向かいました。衛瓘は、廷尉のまま行鎮西将軍軍司《こうちんせいしょうぐんぐんし》（鎮西将軍の軍司を兼官する）として鍾会に同行し、同時に持節《じせつ》（皇帝の権力を代行することを示す旗を持つこと）して、全軍の監軍事《かんぐんじ》となりました。

蜀漢は、廖化《りょうか》を沓中に駐屯する姜維の支援に、張翼《ちょうよく》と董厥《とうけつ》を陽平関《ようへいかん》の守備に派遣し、漢中の兵を漢城《かんじょう》と楽城《らくじょう》に集め、それぞれ兵五千で守らせます。これに対して、鍾会は長安《ちょうあん》で軍を二手に分け、荀愷《じゅんがい》と李輔《りほ》に漢城・楽城を攻撃させる一方で、自らは陽平関に向かいます。また、鄧艾が姜維を攻撃すると、姜維は撤退し、追撃する鄧艾軍に破られながらも、諸葛緒軍の探索を逃れて、陰平郡《いんぺいぐん》を経て、白水《はくすい》

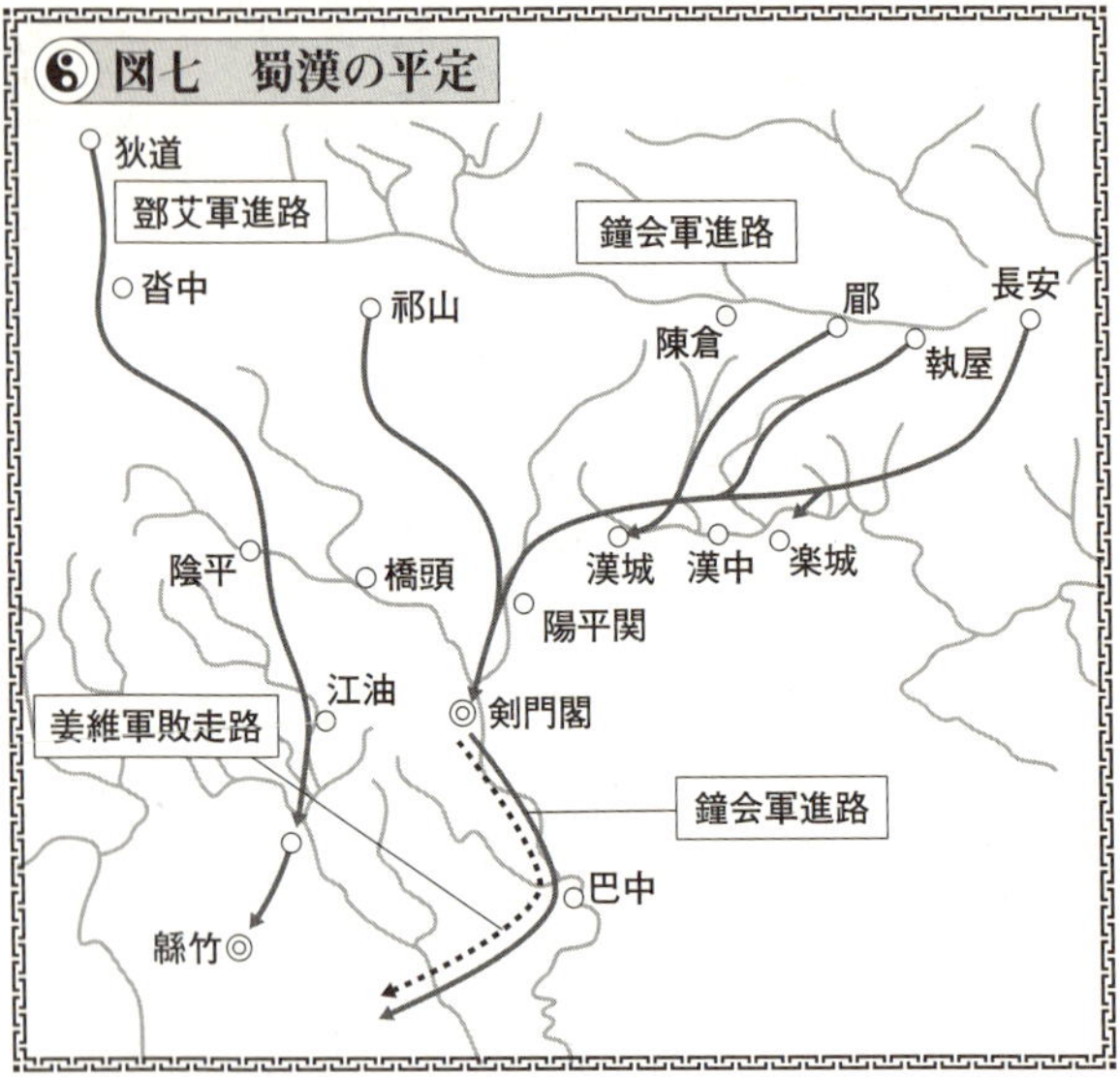

図七　蜀漢の平定

で張翼と董厥の軍に合流、蜀への入り口である剣門閣《けんもんかく》（剣閣）を守ります。

漢中を制圧した鍾会は、剣閣を守る姜維に対する攻撃に全力を注ぎ、後から合流した諸葛緒から軍勢を奪い、戦いを前に恐れていたとの理由により諸葛緒を送還します。しかし、姜維が守る剣閣を落とすことはできず、兵糧も尽きかけ、撤退を検討していました。一方、鄧艾は、剣閣を通らず、険峻な山谷を突破して陰平郡《いんぺいぐん》より無人の地を七百里あまり（約三百キロメートル）にわたって行軍しました。山には穴を開けて道を通じ、川には橋をかけ、谷では羊毛にくるまって転げ落ち、江由県《こうゆうけん》まで到着、守将の馬邈《ばばく》を降伏させました。

いきなり現れた鄧艾軍に対して、劉禅《りゅうぜん》は、諸葛亮《しょかつりょう》の子諸葛瞻《しょかつせん》を派遣して、緜竹《めんちく》を死守させます。諸葛瞻は、子の諸葛尚《しょかつしょう》とともに父祖の名に恥じない戦いをしたのちに陣没、鄧艾が軍を進めて雒県《らくけん》に到着すると、劉禅は譙周《しょうしゅう》の勧めに従い降伏しました。そのとき姜維は、なお剣閣を死守しており、蜀漢の兵士は石に斬りつけて降伏を悔しがったといいます。

⑥鄧艾・鍾会を平定する

成都《せいと》に到着した鄧艾は、劉禅たちの罪を許し、略奪をせずに蜀の民衆を落ち着かせました。また、後漢の光武帝《こうぶてい》の功臣である鄧禹《とうう》の故事にならい、専断権を行使、劉禅を行驃騎将軍《こうひょうきしょうぐん》としたほか、蜀漢の官僚たちをそれぞれ官職に任命しました。すべて孫呉の討伐のためです。鄧艾は司馬昭に、劉禅以下を手厚く待遇するとともに、孫呉に降伏の使者を出す一方で、鄧艾がこのまま蜀の兵を率いて、兵を休めたあとで船団により呉に攻め下ることの許可を求めました。しかし、司馬昭は、檻車《かんしゃ》（罪人を護送する車）で鄧艾《とうがい》を召すとの詔《みことのり》を出させます。人の筆跡を真似《まね》るのがうまい鍾会が、鄧艾の上奏文を改竄《かいざん》したうえ、鄧艾を讒言《ざんげん》して司馬昭に鄧艾を疑わせたのです。

衛瓘《えいかん》は、監軍《かんぐん》として成都《せいと》に鄧艾の逮捕のため赴きます。鍾会は、衛瓘が鄧艾に殺されることを期待し、それを鄧艾の罪状に加えようと考えていました。しかし、衛瓘は、夜中に成都に入ると、鄧艾の統率下の武将に、詔により鄧艾を逮捕することと、部下の罪は問わないことを伝え、早朝、使者の車に乗って鄧艾の帳《とばり》に入り、寝ていた鄧艾を有無を言わさず檻車に押し込めました。鄧艾の配下が何の抵抗も示さなかったことに、監軍の権限の強さを見ることができるでしょう。

鄧艾の逮捕により、全軍を掌握した鍾会は、ここで曹魏への、さらに具体的には司馬昭への反乱を決意します。意気投合していた姜維に、五万の兵を授けて先鋒とし、自らは大軍を率いて後に続くつもりでした。そのため、諸軍の武将を親しい者に代え、反対する者は監禁して、成都城に厳戒体制を布《し》きます。監禁された武将の一人の胡烈《これつ》は、場外の息子の胡淵《こえん》に連絡をとり、胡淵が成都城外の軍営から父胡烈の兵を率いて討って出ました。すると他の諸軍も期せずして出撃し、成都城に乗り込みます。鍾会・姜維をはじめ、鍾会側の将士数百人が殺されたころ、仮病を使っていち早く逃れていた衛瓘は、成都城に入って諸将を統率し、数日かけて秩序を回復しました。こうして衛瓘は、鄧艾と鍾会という二人の将軍の曹魏への反乱を平定し、監軍として役割を全うしたのです。

☯監軍の役割

衛瓘は、蜀漢を征討した際に、直属の兵は千人しか率いていませんでした。それでも何万もの兵力を率いる将軍を平定することができたのは、監軍という官職の役割に依存します。

そもそも軍事権は、①軍を編成し、これを維持・管理する軍政権、②軍を統一された意志によって指揮・命令して運用する軍令（統帥）権、③軍の構成員に対して特別な服従義務を要求する軍事司法権の三権に分けることができます。もちろん、前近代の軍隊においては、この三権に明確な分化が見られないことも普通でした。ところが、古来より官僚制度が発達し、また『孫子《そんし》』に代表される兵家の思想が発達していた中国では、③軍事司法を掌握する監察官の制度が完備されており、正規軍が国家の強力な統制下にあれば、②全軍の指揮権を委任された司令官にも監察が及ぼされるのです。

三国《さんごく》時代において、この軍事司法を掌《つかさど》る官職が監軍《かんぐん》や護軍《ごぐん》でした。実際に将兵を統率して軍事行動に全責任を持つ将軍と、その参謀ともなり、かつそれを監視する任務を帯びた監軍や護軍などと呼ばれる副官との組み合わせが、最も基本的な派遣軍の形態であったのです。このとき、衛瓘《えいかん》は、廷尉《ていい》（法務大臣）のまま、持節《じせつ》して鄧艾と鍾会の「軍事を監」していました。蜀漢を平定した余勢を駆って専権を振う鄧艾、鄧艾を陥れて自立を企てる鍾会、それぞれの野望を打ち砕いたものは、衛瓘の監軍としての権限でした。曹魏においては、その滅亡直前でも、監軍や護軍という軍目付けの思想と機構が、十分にその役割を果たしていたのです。

賈充《かじゅう》

孫呉を滅ぼす

西晋

賈充《かじゅう》

（二一七～二八二年）

字《あざな》は公閭《こうりょ》。平陽郡襄陵県《へいようぐんじょうりょうけん》の人。魏の豫州刺史《よしゅうしし》であった賈逵《かき》の子。十二歳で、父の陽里亭侯《ようりていこう》を嗣ぎ、司馬師《しばし》の参軍《さんぐん》として毌丘倹《かんきゅうけん》・文欽《ぶんきん》の乱平定に功績があった。魏の高貴郷公曹髦《こうききょうこうそうぼう》が司馬昭《しばしょう》から政権を奪回しようとした際、成済《せいせい》に命じて皇帝を弑殺《しいさつ》させた。司馬炎《しばえん》の即位時には、羊祜《ようこ》・荀勗《じゅんきょく》・裴秀《はいしゅう》・王沈《おうしん》らとともに佐命《さめい》の功臣となった。孫呉征討戦では、終始開戦に反対し続け、総指揮官を任されても、それは変わらなかった。娘の賈《か》南風《なんぷう》は、恵帝司馬衷《けいていしばちゅう》の皇后となり、八王《はちおう》の乱の一因をつくった。

（『晋書』巻四十 賈充伝）

❻司馬炎の後継者問題

　賈充《かじゅう》は、字《あざな》を公閭《こうりょ》といい、平陽郡襄陵県《へいようぐんじょうりょうけん》の人で、魏の豫州刺史《よしゅうしし》であった賈逵《かき》の子です。司馬師《しばし》の参軍《さんぐん》として毌丘倹《かんきゅうけん》・文欽《ぶんきん》の乱の平定に活躍、司馬昭《しばしょう》が政権を握ると、諸葛誕《しょかつたん》に、「天下は魏から司馬氏への禅譲《ぜんじょう》を願っているが、どう思うか」と様子を探りに行きます。「賈豫州《かよしゅう》（賈逵）の子が、魏の恩を忘れたのか」と叱責を受けると、それを司馬昭に伝えて、諸葛誕を反乱に追い込みました。さらに、皇帝の曹髦《そうぼう》（高貴郷公《こうききょうこう》）が、司馬昭の専制に対して、殿中警護の奴隷を率いて立ちあがると、部下の成済《せいせい》に曹髦を弑殺《しいさつ》させました。

　こうした功績のため、臨終の際、司馬炎《しばえん》に後事を問われた司馬昭は、「お前を知る者は、賈公閭《かこうりょ》である」と、賈充に何事も相談するよう遺言しました。武帝《ぶてい》司馬炎が西晋《せいしん》を建国すると、佐命《さめい》の功臣である賈充は、車騎将軍《しゃきしょうぐん》・散騎常侍《さんきじょうじ》・尚書僕《しょうしょぼく》射《や》となり、自らが編纂《へんさん》した「泰始律令《たいしりつりょう》」を天下に頒布《はんぷ》し、新たなる国家の枠組を示したのです。

　武帝の最大の苦衷は、皇太子の司馬衷《しばちゅう》に後継者に相応《ふさわ》しい資質がなかったことにあります。加えて、武帝には司馬攸《しばゆう》という賢弟がおり、祖父の司馬懿《しばい》に目をかけられ、男子のいなかった司馬師の養子とされていました。父の司馬昭には、兄の司馬師の覇権を継承したという負い目があり、自分の後は兄の後嗣《こうし》である司馬攸に譲るというのが、かねてからの司馬昭の考えであったといいます。しかし、賈充や裴《はい》秀《しゅう》などの反対と説得により、司馬昭は考えを改め、司馬炎が皇太子に指名されて、西晋を建国できたのです。しかし、司馬衷の不慧《ふけい》が知れ渡ってくると、弟の司馬攸を後継者に望む声が高まってきました。

その中心が羊祜《ようこ》でした。羊祜の姉は司馬師の妃である弘訓太后《こうくんたいごう》であり、羊祜は師の養子となった司馬攸の舅《しゅうと》にあたるのです。司馬炎は、この動きを嫌い、泰始《たいし》五（二六九）年、羊祜を都督《ととく》・荊州《けいしゅう》諸軍事《しょぐんじ》として出鎮させます。都から遠ざけたのです。さらに武帝は、泰始七（二七一）年には、娘の賈荃《かせん》を攸に嫁《とつ》がせていた賈充までを、関中《かんちゅう》に出鎮させようとします。賈充は、皇太子の衷に娘の賈南風《かなんぷう》を嫁がせることで出鎮を免《まぬが》れましたが、司馬攸と司馬衷の双方に娘を嫁がせることにより、司馬攸からは相対的に引き離された形となりました。

☯ 孫呉討伐に反対

羊祜《ようこ》は出鎮先の荊州《けいしゅう》で、孫呉の陸抗《りくこう》と対峙《たいじ》しながらも尊重しあい、討呉の準備を進め、襄陽郡《じょうようぐん》に十年分の兵糧を積み上げます。泰始《たいし》十（二七四）年には、好敵手の陸抗が病死し、羊祜子飼いの益州刺史《えきしゅうしし》の王濬《おうしゅん》は長江《ちょうこう》を攻め下る水軍を完成させました。孫呉を平定する準備は整ったのです。咸寧《かんねい》四（二七八）年、羊祜は病をおして入朝し、武帝に討呉を説きましたが、やがて病が悪化して卒《しゅっ》します。

羊祜の遺託を受けた杜預《どよ》は、鎮南大将軍《ちんなんだいしょうぐん》・都督荊州諸軍事《ととくけいしゅうしょぐんじ》として襄陽に出鎮、孫呉の討伐を受け継ぎます。杜預は、咸寧五（二七九）年に上奏して、討呉の裁可を仰ぎます。しかし、賈充がこれに反対しました。杜預は、一ヵ月後、再度上奏します。たまたま武帝と棊《ご》（囲碁）を囲んでいた張華《ちょうか》は、武帝に強く討呉を勧め、武帝はそれを決断しました。それでも、賈充は反対を続けます。これに対して武帝は、逆に賈充を使持節《しじせつ》・仮黄鉞《かこうえつ》・大都督《だいととく》、すなわち討呉の総司令に任命し、「君が行かなければ、わたしが自ら行く」と、強い意志を示して、討呉を指揮させたのです。

司馬攸の帝位継承を望んだ羊祜と杜預は、司馬攸に司馬昭に匹敵する功績をあげさせたかったのでしょう。司馬昭が弟でありながら兄の地位を継承し、それを安泰なものにできたのは、蜀漢を滅ぼすという大功をあげたからでした。孫呉を滅ぼし、中国を統一することは、それ以上の輝かしい功績となります。司馬攸が総司令となり討呉を成し遂げれば、帝位継承は近づきます。それが羊祜《ようこ》と杜預《どよ》の宿願でした。

一方、それを武帝が親征で行うことは、洛陽《らくよう》に不慧《ふけい》の皇太子衷《ちゅう》と群臣の支持を受けた帝弟の攸《ゆう》を残すことになるため、不安が大きすぎました。咸寧《かんねい》二（二七六）年に、武帝が病気で危篤となった際に、群臣は帝崩御後の期待を司馬攸に寄せ、賈充までもが、その流れを止めませんでした。軍旅で万が一のことがあれば、首都が動揺しかねません。かといって、臣下を派遣することの危険性もまた大きいものがあります。蜀を滅ぼした鍾会《しょうかい》の反乱は、記憶に新しいところです。討呉軍の総司令は、武帝の近親者、すなわち攸・衷の舅《しゅうと》である賈充でなければ司馬攸となります。杜預はそれを期待したでしょう。司馬攸を討呉の総司令に戴《いただ》き、杜預と王濬《おうしゅん》が実働部隊として孫呉を滅ぼすのです。武帝に討呉を決断させた張華《ちょうか》をも合わせて、次代の皇帝司馬攸の下で政権を掌握できます。

武帝のもとで権力を持つ賈充を出し抜こうとする杜預のこうした意図を理解するからこそ、賈充は討呉に反対しました。意に反して総司令となり、武昌《ぶしょう》を制圧して孫呉を追い詰めた段階に及んでも、孫呉を滅ぼすことは不可能なので、撤兵したのち張華の責任を糺《ただ》して斬るべきである、との上奏までして、賈充が討呉に反対を続けた理由はここにあるのでしょう。

☯ 賈充の功績

賈充も実は、司馬攸《しばゆう》を総司令とすべしと考えていたようです。ただし、司馬攸は、このとき、母を亡くして三年喪に服していましたので、兄の武帝と同等の「孝」を天下に示すために、司馬攸に実質的な三年喪を行わせた上で、討呉の総司令に仰ごうとしたのです。その間、政敵の杜預《どよ》から討呉の実権を剝奪《はくだつ》し、喪を終えた司馬攸のもと、自らも討呉に参加して、司馬昭と同等以上の功績をあげた攸を帝位に就け、輔政《ほせい》の地位を維持しようとしたのでしょう。そうした賈充の構想を崩壊させる杜預の上奏を武帝は裁可しました。なぜでしょうか。

武帝が目指したことは、一貫して皇太子衷《ちゅう》への帝位の継承でした。ゆえに「司馬攸─杜預」による討呉も、「司馬攸―賈充」による討呉も、ともに防がなければならなかったのです。武帝の結論は、「賈充─杜預」による討呉の実行でした。攸と衷の舅《しゅうと》である賈充《かじゅう》だけが、司馬攸以外では討呉の総司令となるに相応しい資格を持ちます。賈充に、「君が行かなければ、わたしが自ら行く」と述べたのは、司馬攸の総司令はあり得ない、という武帝の強い意志表示でした。反対していた賈充を行かせることにより、唯一無二の公権力である皇帝の地位の高みを示したのです。賈充を総司令としたもう一つの理由は、攸《ゆう》に嫁《とつ》いだ賈荃《かせん》の母である李婉《りえん》ではなく、衷《ちゅう》に嫁いだ賈南風《かなんぷう》の母である郭槐《かくかい》を賈充が寵愛していたこともあります。衷の舅《しゅうと》としての比重が強い賈充に討呉の大功をあげさせ、衷を保護するのです。攸の後嗣《こうし》を目指す羊祜《ようこ》の後継者の杜預《どよ》に、全権を任せる可能性はありませんでした。

こうした武帝の方針の現れが、討呉後の論功行賞の偏《かたよ》りです。総司令でありながら、途中でそれを投げ出そうとした賈充は罪を請いましたが、武帝は罪を問わず、討呉の論功に賈充を与《あず》からせました。一方で、討呉の実をあげた王濬《おうしゅん》は圧迫され、張華《ちょうか》は持節《じせつ》・都督幽州諸軍事《ととくゆうしゅうしょぐんじ》として外鎮（地方防衛の要《かなめ》となる軍団の指揮者）に放逐されました。杜預はこの後、贈賄を続け、保身の日々を送ります。武帝にとって中国統一は、成し遂げて当然のことでした。関心があったのは、討呉の功績を攸ではなく、衷の舅である賈充があげることにより、衷の後嗣を確実とすることでした。賈充はそれに功績があったのです。国家権力強化を目指す貴族層の賢弟攸擁立の動きを封殺し、自分と衷の皇帝権力の強化を目指した武帝の姿に、貴族制を切り崩そうとする三国《さんごく》時代以後の皇帝権力の典型の一つを見ることができるのです。

〈参考文献〉

・専門書

渡邉義浩『後漢国家の支配と儒教』（雄山閣出版、一九九五年）
渡邉義浩『三國政権の構造と「名士」』（汲古書院、二〇〇四年）

・一般書

石井　仁『曹操　魏の武帝』（新人物往来社、二〇〇〇年）
福原啓郎『西晋の武帝　司馬炎』（白帝社、一九九五年）
渡邉義浩『諸葛亮孔明　その虚像と実像』（新人物往来社、一九九八年）
渡邉義浩『図解雑学　三国志』（ナツメ社、二〇〇〇年）
渡邉義浩『図解雑学　諸葛孔明』（ナツメ社、二〇〇二年）
渡邉義浩『図解雑学　三国志演義』（ナツメ社、二〇〇七年）
渡邉義浩『図解雑学　宗教から見る中国古代史』（ナツメ社、二〇〇七年）
渡邉義浩『三国志の舞台』（山川出版社、二〇〇四年）
渡邉義浩『三國志研究入門』（日外アソシエーツ、二〇〇七年）
渡邉義浩『「三国志」軍師34選』（ＰＨＰ文庫、二〇〇八年）

著者紹介
渡邉義浩（わたなべ　よしひろ）
1962年、東京都大田区生まれ。筑波大学大学院博士課程歴史・人類学研究科修了、文学博士。現在、大東文化大学文学部中国学科教授。三国志学会事務局長。
著書に、『後漢国家の支配と儒教』（雄山閣出版、1995年）、『諸葛亮孔明 その虚像と実像』（新人物往来社、1998年）、『図解雑学 三国志』（ナツメ社、2000年）、『図解雑学 諸葛孔明』（ナツメ社、2002年）、『三国志の舞台』（山川出版社、2004年）、『三國政権の構造と「名士」』（汲古書院、2004年）、『図解雑学 三国志演義』（ナツメ社、2007年）、『三國志研究入門』（日外アソシエーツ、2007年）、『図解雑学 宗教から見る中国古代史』（ナツメ社、2007年）、『「三国志」軍師34選』（ＰＨＰ文庫、2008年）、『全譯後漢書』（汲古書院、2001年～、全19巻の予定）などがある。

三国志学会　http://www.daito.ac.jp/sangoku/

本書は、書き下ろし作品です。

PHP文庫 「三国志」武将34選

2009年4月17日 第1版第1刷

著　者　渡邉義浩
発行者　江口克彦
発行所　PHP研究所
東京本部 〒102-8331 千代田区三番町3番地10
文庫出版部 ☎03-3239-6259(編集)
普及一部 ☎03-3239-6233(販売)
京都本部 〒601-8411 京都市南区西九条北ノ内町11

PHP INTERFACE http://www.php.co.jp/

制作協力
組　版　PHPエディターズ・グループ

印刷所
製本所　図書印刷株式会社

ISBN978-4-569-67241-0

PHP文庫

逢沢明　大人のクイズ
阿川弘之　日本海軍に捧ぐ
阿奈靖雄　「プラス思考の習慣」で道は開ける
綾小路きみまろ　有効期限の過ぎた亭主・賞味期限の切れた女房
飯田史彦　生きがいの本質
池波正太郎　霧に消えた影
池波正太郎　信長と秀吉と家康
池波正太郎　さむらいの巣
石島洋一　決算書がおもしろいほどわかる本
石原結實　血液サラサラで、病気が治る、キレイになれる
板坂元　男の作法
稲盛和夫　成功への情熱―PASSION―
稲盛和夫　稲盛和夫の哲学
梅津祐良 監修 池上重輔 著　[図解]わかる！MBA
瓜生中　仏像がよくわかる本
江口克彦　上司の哲学
江口克彦　鈴木敏文 経営を語る
呉善花　私はいかにして「日本信徒」となったか
大原敬子　なぜか幸せになれる女の習慣
小川由秋　真田幸隆

オグ・マンディーノ 菅靖彦 訳　この世で一番の奇跡
オグ・マンディーノ 菅靖彦 訳　この世で一番の贈り物
尾崎哲夫　10時間で英語が話せる
快適生活研究会　「料理」ワザあり事典
快適生活研究会　「冠婚葬祭」ワザあり事典
笠巻勝利　仕事が嫌になったとき読む本
風野真知雄　陳平
加藤諦三　「やさしさ」と「冷たさ」の心理
加藤諦三　自分に気づく心理学
金森誠也 監修　30ポイントで読み解くクラウゼヴィッツ「戦争論」
加野厚志　島津義弘
加野厚志　本多平八郎忠勝
神川武利　秋山真之
川北義則　人生、だから面白い
樺旦純　運がつかめる人 つかめない人
菊池道人　斎藤一
紀野一義 文 入江泰吉 写真　仏像を観る
桐生操　世界史怖くて不思議なお話
黒岩重吾　古代史の真相
黒鉄ヒロシ　新選組

黒鉄ヒロシ　坂本龍馬
黒部亨　宇喜多直家
ケリー・グリーソン 楡井浩一 訳　なぜか、「仕事がうまくいく人」の習慣
小池直己　TOEIC®テストの「決まり文句」
小池直己 佐藤誠司　中学英語を5日間でやり直す本
甲野善紀　武術の新・人間学
甲野善紀　古武術からの発想
國分康孝　自分をラクにする心理学
兒嶋かよ子 監修　「民法」がよくわかる本
児玉佳子 須藤亜希子　赤ちゃんの気持ちがわかる本
木幡健一　「マーケティング」の基本がわかる本
小林正博　小さな会社の社長学
小巻泰之 監修 造事務所 著　図解 日本経済のしくみ
近藤唯之　プロ野球 遅咲きの人間学
斎藤茂太　「なぜか人に好かれる人」の共通点
齋藤孝　会議革命
堺屋太一　組織の盛衰
坂崎重盛　なぜ、この人の周《まわ》りに人が集まるのか
坂田信弘　ゴルフ進化論
阪本亮一　できる営業マンはお客と何を話しているのか